John Coleman

VRIJMETSELARIJ VAN A TOT Z

ØMNIA VERITAS.

John Coleman

John Coleman is een Britse auteur en voormalig lid van de geheime inlichtingendienst. Coleman heeft verschillende analyses gemaakt van de Club van Rome, de Giorgio Cini Stichting, Forbes Global 2000, het Interreligieus Vredescolloquium, het Tavistock Instituut, de Zwarte Adel en andere organisaties met thema's uit de Nieuwe Wereldorde.

Vrijmetselarij van A tot Z

Freemasonry from A to Z

Vertaald uit het Engels en uitgegeven door Omnia Veritas Limited

© Omnia Veritas Ltd - 2023

⦰MNIA VERITAS®

www.omnia-veritas.com

.

De vrijmetselarij wordt vaak omschreven als een "geheim genootschap", maar de vrijmetselaars zelf menen dat het juister is te zeggen dat het een esoterisch genootschap is, voor zover bepaalde aspecten privé zijn. De meest gangbare formulering is dat de vrijmetselarij in de 21e eeuw minder een geheim genootschap is geworden en meer een "geheim genootschap". De particuliere aspecten van de moderne vrijmetselarij zijn de wijzen van herkenning tussen de leden en bepaalde elementen van het ritueel. Vrijmetselaars kunnen bijvoorbeeld aan nieuwkomers die zij ontmoeten vragen "bent u in het vierkant?".

In een open samenleving als de Verenigde Staten kan men zich afvragen waarom geheimhouding nodig is. De vrijmetselarij beschrijven is een moeilijke taak. Te zeggen dat zij de grootste broederlijke organisatie ter wereld is met meer dan drie miljoen leden in de Verenigde Staten, zevenhonderdduizend in Groot-Brittannië en nog eens een miljoen wereldwijd, en dat zij het onderwerp is geweest van vijftigduizend boeken en pamfletten, is slechts het begin.

Sinds haar officiële oprichting in 1717 heeft de vrijmetselarij meer haat en vijandschap opgewekt dan enige andere wereldlijke organisatie ter wereld. Zij is meedogenloos aangevallen door de Katholieke Kerk, en het lidmaatschap is verboden voor mannen van de Mormoonse Kerk, het Leger des Heils en de Methodistische Kerk. Het is verboden in een aantal landen.

Anti-vrijmetselaars aantijgingen worden altijd met moeite beantwoord omdat de vrijmetselarij weigert te reageren op aanvallen. Verrassend is het zeer grote aantal wereldleiders, vroeger en nu, die lid waren en zijn van de vrijmetselarij: koning George VI van Engeland, Frederik de Grote van Pruisen en koning Haakon VII van Noorwegen. De geschiedenis van de Verenigde Staten staat bol van leiders die vrijmetselaar waren, zoals George Washington, Andrew Jackson, James Polk, Theodore Roosevelt, Franklin D. Roosevelt, Harry Truman, Gerald Ford en Ronald Reagan.

De Tweede Wereldoorlog werd geleid door Britse vrijmetselaarsleiders als Winston Churchill en de Amerikaanse president Franklin D.

Roosevelt, en door Amerikaanse legerleiders als de generaals Omar Bradley, Mark Clark en George Marshall. Het is bijna onmogelijk te weten waar te beginnen of te eindigen met het verhaal van de invloed van de Vrijmetselaars op alle aspecten van het leven gedurende de afgelopen 290 jaar. Dit boek is een poging om bijeen te brengen wat het relatief eenvoudig zal maken om uit te leggen "wat vrijmetselarij is".

HOOFDSTUK 1

WAT IS VRIJMETSELARIJ?

De studie van de vrijmetselarij is onuitputtelijk, en er zijn vele wetenschappelijke boeken en artikelen over geschreven en gepresenteerd; daarom ben ik niet van plan mij te wagen aan de wegen en paden van de vrijmetselarij en mij te verliezen in een doolhof van rituelen en symbolen, aangezien deze onderwerpen in ieder geval in ruime mate zijn behandeld door voor- en tegenstanders van de vrijmetselarij.

Het doel van dit werk is u een breder beeld te geven van wat de Vrijmetselarij is, waar zij voor staat, wat haar doelstellingen zijn en hoever zij is gevorderd in de richting van haar verklaarde doelstellingen. Daarom zal ik eerst ingaan op de Speculatieve Vrijmetselarij, dat deel van de Vrijmetselarij dat zich bezighoudt met de geestelijke kwesties van leven en dood, de menselijke geest, en daarna op degenen die deze beheersen met een korte uitleg van de Operatieve Vrijmetselarij.

Voor details over rituelen en ceremonies heb ik gebruik gemaakt van vrijmetselaars naslagwerken zoals de *Koninklijke Vrijmetselaars Encyclopedie*, of zoals het soms wordt genoemd de *Cyclopedie*. Voor een verslag van waar de grootste voorstanders van de Vrijmetselarij hun ideeën hebben uiteengezet, met name Albert Pike en Dr Mackey, maar ook in boeken en tijdschriften geschreven door bittere vijanden van de Vrijmetselarij; mannen als Abbé Barruel, Professor John Robinson, Eckert, Copin-Albancelli en Arthur Preuss, om maar een paar geleerde mannen te noemen die door de Vrijmetselaars worden aangeduid als "onze onverbiddelijke vijanden". (Vreemd dat de Jezuïeten precies dezelfde uitdrukking gebruiken).

Over de oorsprong van de Vrijmetselarij wordt al meer dan 150 jaar gediscussieerd. Volgens Pike:

> "De oorsprong van de vrijmetselarij is alleen bekend bij de vrijmetselaars."

Pike geeft zich over aan wishful thinking. Zijn verklaring is bedoeld om de onwetende te misleiden en is typerend voor het bedrog dat de vrijmetselarij bedrijft, net zoiets als in de handen van een goochelaar vallen zonder te weten hoe hij zijn illusies bereikt.

De oorsprong van de vrijmetselarij is bekend; het is geen geheim of mysterie. Maar het is ook zeker waar dat de meerderheid van de vrijmetselaars, die nooit verder komt dan de vierde graad, de oorsprong van het genootschap niet kent, waarvan zij de dictaten zo slaafs volgen.

Dr. Mackey, erkend als vrijmetselaar en officieel woordvoerder van de vrijmetselarij, geeft dit grif toe. Zijn belangrijkste verdediger, J.F. Gould, bevestigt dat er onder de vrijmetselaars zelf veel onenigheid bestaat over de oorsprong ervan. Dit blijkt uit zijn boek *The History of Freemasonry*. Hedendaags onderzoek toont aan dat de oorsprong ligt in Babylonische en Egyptische mystiek, geassocieerd met zwarte magie.

Het is een religieuze cultus gewijd aan de verering van

Lucifer. Zij is antichristelijk en revolutionair, ook al is haar meester, Lucifer, het symbool van rebellie tegen God, een rebellie die al duizenden jaren duurt.

De wereld dankt haar kennis van de vrijmetselarij aan professor John Robinson, een van haar meest illustere leden die overliep uit haar gelederen, en daarom een man die de vrijmetselaars geen leugenaar of onwetende kunnen noemen. Professor Robinson doceerde aan de Royal Society in Edinburgh, Schotland. Zijn onderwerp was menselijke filosofie. Robinson was nauw betrokken bij geheime genootschappen, waarvan de belangrijkste de Beierse Illuminati-sekte van Adam Weishaupt was.

Robinson was een 33e graad Vrijmetselaar, wat betekent dat hij de top van de orde der Schotse Rite der Vrijmetselaren had bereikt.

In 1796 publiceerde Robinson een artikel over de doelstellingen van de Illuminati, waaruit bleek dat de Illuminati zeer nauw verbonden waren met de Vrijmetselarij. In feite werd de vrijmetselarij gebruikt om de revolutionaire doctrines van de Illuminati te verspreiden, te beginnen in Frankrijk.

Robinson heeft onomstotelijk bewezen dat het doel van de Illuminati en de Vrijmetselarij is alle religies en alle regeringen te vernietigen en het christendom van de aardbodem te vegen en te vervangen door de Luciferiaanse cultus.

De nieuwe wereldorde die de Vrijmetselarij belooft, is een despotische, Luciferiaanse wereldorde binnen één enkele wereldregering. Een complete set plannen voor de komende revolutie viel in handen van de Beierse regering, die zo diep verontrust was dat zij kopieën stuurde naar alle regeringen en staatshoofden in Europa, maar haar waarschuwingsboodschap werd volledig genegeerd.

Weishaupt's documenten gaven alle details van de komende Franse Revolutie. Een aanhanger van de vrijmetselaarsorde, de graaf van Shelburne, onderwees en trainde Danton en Marat (de radicale leiders van de Franse Revolutie) en leidde elke fase van de "Franse" Revolutie vanuit Engeland.

HOOFDSTUK 2

DE OORSPRONG VAN HET METSELWERK

De Babylonische gnostiek is de moeder van de vrijmetselarij, en daarom staat de letter "G" in het midden van de vijfpuntige ster van de vrijmetselarij.

Ondanks de woedende ontkenningen van de verdedigers van de vrijmetselarij, zei een niet minder belangrijke autoriteit over de vrijmetselarij, van haar hoogste Orde, Eliphas Levy, dat de beroemde "G" staat voor Gnostiek. In zijn boek, *Dogma and Ritual of High Magic*, volume II, pagina 97, zegt Levy:

> De "G", die de vrijmetselaars in het midden van de vlammende ster plaatsen, betekent gnostiek en generatie, de meest heilige woorden van de oude Kabbala.

Volgens de *Encyclopaedia of Religions* is Kabbala een oude Joodse mystiek, en broeder Edersham is een autoriteit op het gebied van Kabbala. Zoals ik al zei, wil ik niet in details treden, maar het is noodzakelijk om heel kort vast te stellen wat Kabbala is.

Daartoe citeer ik met gezag broeder Edersham:

> Het valt niet te ontkennen dat er zelfs in de tijd van Jezus

Christus een geheel van doctrines en speculaties bestond die zorgvuldig voor de menigte verborgen werden gehouden. Ze werden zelfs niet onthuld aan gewone geleerden (zoals in het geval van hogere doctrines en gewone vrijmetselaars) uit angst hen tot ketterse ideeën te brengen.

Dit genre droeg de naam Kabbala; zoals de term aangeeft (d.w.z. ontvangen en doorgeven), vertegenwoordigde het de spirituele overgangen die vanaf de vroegste tijden werden doorgegeven, zij het in de loop der tijd vermengd met onzuivere of vreemde elementen.

Dit is dezelfde Oude Traditie die Jezus Christus in de sterkste bewoordingen volledig veroordeelde, zoals opgetekend in de vier Evangeliën, het verslag van zijn woorden tijdens zijn aardse bediening.

Uit het bovenstaande blijkt duidelijk dat de vrijmetselarij voortkomt uit een godsdienst die volledig tegenover de bediening van Christus staat. Hieruit volgt dat de vrijmetselarij, ondanks haar heftige ontkenningen, antichristelijk is in haar leer en geest. Anderen, onverbiddelijk gekant tegen de vrijmetselarij, zoals hierboven vermeld, gaan nog verder. Een autoriteit op het gebied van de vrijmetselarij, Copin-Albancelli, heeft gezegd:

De vrijmetselarij is de tegenkerk, het tegenkatholicisme, de kerk van de ketterij.

Hij haalt verschillende bekende vrijmetselaarsbronnen aan om zijn bewering te staven, zoals Copin-Albancelli, *Bulletin du Grand Orient de France*, september 1885, die stelt:

Wij vrijmetselaars moeten doorgaan met de totale sloop van katholieke kerken.

Ik heb het voorrecht gehad vrijmetselaarsdocumenten in het British Museum in Londen te mogen doorzoeken om te zien of deze verklaring en andere die daarop volgen, zijn ingetrokken of herroepen. Maar gedurende een periode van vijf jaar van intensief onderzoek heb ik geen enkele vrijmetselaarspublicatie kunnen ontdekken die een herroeping bevat van zijn destructieve bedoelingen jegens de katholieke kerk.

Een ander voorbeeld dat Copin-Albancelli aanhaalt is het memorandum van de Hoge Raad van de Grote Oriënt (Europese Vrijmetselarij), waarin staat:

De strijd tussen katholicisme en vrijmetselarij is een oorlog op leven en dood, zonder wapenstilstand en zonder kwartier.

Deze verklaring is nooit ingetrokken.

Copin-Albancelli geeft nog meer voorbeelden en noemt als bron de toespraak die broeder Delpek in 1902 hield op een banket in het kader van de zomerzonnewende:

De triomfen van de Galileeër duurden twintig eeuwen. Moge de Katholieke Kerk op haar beurt sterven... De Rooms Katholieke Kerk, gestoeld op de Galileïsche mythe (een verwijzing naar Jezus Christus) is sinds de oprichting van de Vrijmetselaarsvereniging snel in verval geraakt? Vanuit politiek oogpunt hebben de Vrijmetselaars vaak gevarieerd. Maar de Vrijmetselarij heeft altijd vastgehouden aan dit principe: oorlog tegen alle bijgeloof, oorlog tegen alle fanatisme!

De bovenstaande informatie, waarvan de authenticiteit onbetwistbaar is, maakt de vrijmetselaars en de vrijmetselarij tot antichristen en antichristenen, en doet haar leer op de meest verachtelijke wijze af als Galileïsche mythe en bijgeloof. Hun opgekropte haat en gif is vooral gericht tegen de katholieke kerk, maar sommigen zeggen dat katholieken geen christenen zijn. Geloof me, als dat waar was, zou de Vrijmetselarij niet 99% van haar tijd en energie besteden aan pogingen om de Katholieke Kerk te vernietigen. Waarom zou de Vrijmetselarij zoveel kostbare tijd en energie verspillen? Laten we logisch nadenken over deze vragen.

Het bovenstaande laat geen twijfel bestaan over de positie van de Vrijmetselaars hiërarchie. Het stelt ook duidelijk vast dat de vrijmetselarij politiek betrokken is, ondanks haar veelvuldige protesten van het tegendeel. Als we de conclusies die uit bovenstaande verklaringen moeten worden getrokken samenvatten, kunnen we maar tot één oordeel komen: De vrijmetselarij is in wezen een vals, bedrieglijk en misleidend geheim genootschap, waarin de meeste van haar leden zich laten meeslepen door een vloed van banketten, sociale bijeenkomsten, goede werken, welwillendheid en filantropische kameraadschap. Het sinistere karakter van de vrijmetselarij is volledig verborgen voor de massa van haar leden, d.w.z. degenen die niet verder gaan dan de blauwe of vierde graad.

Volgens de geleerde Dom Benoit, een hooggeleerde van de Vrijmetselarij, waarvan zelfs de Vrijmetselaars toegeven dat hij een grote kennis had van hun geheime speculatieve orakels, is de Vrijmetselarij een duivelse cultus. Bij het beschrijven van de inwijdingsceremonies van de 25e graad (Ridder van de Bronzen Slang) zweren de ingewijden te werken aan de terugkeer van de mens naar de Hof van Eden.

De Meester noemt de slang een vriend van de mens, terwijl onze God - naar wie de Vrijmetselaars verwijzen als Adonai of Adonay - wordt genoemd als de vijand van de mens.

Benedictus zegt dat in de 20ste graad, de conclusie van Luciferiaanse aanbidding nog positiever wordt gesteld, want de voorzittende officier zegt tegen de ingewijde:

> In de heilige naam van Lucifer, verdrijf het obscurantisme.

Obscurantisme is een van de weinige sleutelwoorden die elke vrijmetselaar boven de vierde graad het schuim op de mond doen lopen wanneer het in zijn aanwezigheid wordt genoemd door iemand die geen vrijmetselaar is en dus niet geacht wordt het woord en de betekenis ervan te kennen.

Zoals ik al eerder heb gezegd, veel vrijmetselaars die belijdende christenen zijn "als je deze mysteries eenmaal kent, kan er nog enige ruimte voor twijfel zijn, dat de vrijmetselarij de aanbidding van Lucifer en de verloochening van Christus is."

Benedictus heeft nog een andere, meer vernietigende aanklacht tegen de vrijmetselarij, die hij als volgt formuleert:

> Wie kan zo lichtgelovig zijn om te denken dat na zoveel ernstige en voortdurende beweringen, dat de vrijmetselaars alle godsdiensten respecteren, dat bezorgdheid om de godsdienst en haat tegen de katholieke kerk alleen bestaan in bepaalde vrijmetselaarsgraden, waarin Christus een gevallen engel zou zijn. Ik heb de emblemen van een van de Grootloges gezien, namelijk een kelk met de afbeelding van de hostie doorboord door een dolk, een andere, de wereld met het kruis op zijn kop, en

weer een andere, het Hart van Jezus met de spreuk "Cor Ex Secranrum".

In een toespraak uit Albert Pike's Palladium Luciferian Rites for the Reformed Elect stelt Benedictus dat ingewijden de opdracht krijgen om "de verrader Jezus Christus te straffen, Adonai te doden door de hostie neer te steken, nadat ze er zeker van zijn dat het een gewijde hostie is, terwijl ze gruwelijke godslasteringen reciteren."

Pike werd geboren in 1809 en stierf in 1891. Zijn boek, *Moraal en* Dogma, bevestigt zijn verering van Satan en zijn geloof in een Nieuwe Wereldorde. Hij verachtte elk politiek systeem dat geen beperkte republikeinse regering was met democratische principes. Volgens Pike moesten politieke macht, rijkdom, gezondheid en een lang leven worden verkregen door de aanbidding van Lucifer.

Het boek is zeer pro-homoseksueel, met op de omslag een tweekoppige adelaar. Het is duidelijk dat het centrale thema van het boek de vernietiging van de moraal en het gezin is. Het boek veroordeelt de bijbelse moraal en het gezin als hoeksteen van de beschaving.

Nu weet ik dat er mensen zijn, zelfs hoge vrijmetselaars, die zullen zeggen "... we zijn al ons hele leven vrijmetselaars en hebben nog nooit zo'n ceremonie meegemaakt". Natuurlijk niet! Het is een standaard vrijmetselaars procedure; alleen de uitverkorenen worden ingewijd in deze riten. Als je de 25e graad niet hebt gehaald, weet je niets van deze verachtelijke antichristelijke rituelen! En laat me je waarschuwen, elke poging om Benedictus' claim bevestigd te krijgen door de Vrijmetselaars hiërarchie zal betekenen dat je dagen als Vrijmetselaar geteld zijn. Je zult daarna een gemerkt man zijn, niet te vertrouwen.

Om broeder Stroether te citeren, een andere erkende autoriteit, die nooit door de Vrijmetselarij in twijfel werd getrokken, eenvoudigweg omdat hij een van hun eigen mensen was, afkomstig uit hun innerlijke raden, een man die woorden gebruikte die de Vrijmetselaars nu achtervolgen:

> De vrijmetselarij bestaat in Frankrijk, Spanje, Portugal en Zuid-Amerika als een antireligieuze organisatie, die de laatste jaren is omgevormd tot een soort antithetische sekte die geen geheim maakt van haar haat tegen de geopenbaarde godsdiensten.

Broeder Stroether was een lid van de Elect, een High Degree Mason uit Louisville, Kentucky in de Verenigde Staten. Ik vroeg een aantal Hoge Vrijmetselaars om commentaar op Stroether's woorden. Zonder uitzondering verklaarden zij ofwel de identiteit van broeder Stroether niet te kennen, ofwel ontkenden zij dat hij iets dergelijks had gezegd. Een bijzonder verontwaardigde vrijmetselaar, een kolonel bij de North Carolina State Police, zei me: "Dit soort commentaar is het product van een zieke anti-vrijmetselaarsgeest."

Maar toen ik hem confronteerde met de woorden van zijn eigen vrijmetselaars, waarschuwde hij me dat ik er goed aan zou doen de vrijmetselarij te verlaten. De woorden die hem van streek hadden gemaakt, waren die van de beruchte Paul Lafargue (1842-1911) op het Internationale Congres van Groot-Oosterse Vrijmetselaren in Brussel, België, in 1866:

> Oorlog tegen God! Haat God! Vooruitgang betekent de Hemel verpletteren alsof het een stuk papier is.

Tijdens dezelfde conferentie herhaalde een prominente

vrijmetselaar met de naam Lanesman de woorden die in 1880 waren gebruikt, namelijk

> We moeten de beruchte verpletteren, maar de beruchte is niet het klerikalisme, de beruchte is God.

HOOFDSTUK 3

DE HISTORISCHE VIJANDEN VAN DE MASONRIE

Ik heb ijverig onderzoek gedaan naar de documenten waaruit deze uittreksels zijn genomen om de juistheid ervan te bevestigen. Daarnaast heb ik met dezelfde zorgvuldigheid de vrijmetselaarsarchieven in het British Museum in Londen doorzocht, op zoek naar een intrekking of ontkenning van deze godslasteringen door hooggeplaatste vrijmetselaars; maar mijn zoekacties hebben geen bewijs opgeleverd dat deze woorden niet het credo van de vrijmetselarij in het algemeen zijn, noch dat zij zijn verwijderd.

Een zeer gerespecteerde vrijmetselaarsleider die alles bevestigde wat tot nu toe is gezegd, met inbegrip van de antichristelijke aard van de vrijmetselarij, was haar hogepriester, Albert Pike, medeoprichter van de New Palladium Reformed Rites en opperpaus van de Amerikaanse vrijmetselarij. Albert Pike en Edgar Allen Poe hadden veel gemeen. Beiden werden geboren in Boston in 1809. Beiden waren schrijvers en dichters en beiden waren opiumverslaafd, evenals 33 graden Vrijmetselaars en Luciferianen.

In de *Katholieke Encyclopedie* lezen we dat Albert Pike en een andere vooraanstaande vrijmetselaar van hoge rang, Adriano Lemmi, samenzweren om de christelijke godsdienst in Italië te beschadigen. Pike schreef het volgende aan Lemmi:

> De klerikale invloeden in Italië moeten in korte tijd teniet worden gedaan, de wetten tegen religieuze congregaties moeten daar worden nageleefd. En de scholen? Daar wordt nog steeds katholiek onderwijs gegeven. Laat de mensen protesteren via de loges.

Met andere woorden, vrijmetselaarsloges gebruiken om "protesten" te creëren tegen katholieke scholen.

Professor John Robinson heeft jarenlang zorgvuldig onderzoek gedaan naar Abbé Barruel's uiteenzetting van de vrijmetselarij.

Robinson verklaart:

> Barruel bevestigt alles wat ik heb gezegd over de Illuminés, die hij terecht filosoof noemt, en over de misbruiken van de vrijmetselarij in Frankrijk.

Het toont onbetwistbaar aan dat een formele en systematische samenzwering tegen de godsdienst werd gevormd en met ijver werd nagestreefd door Voltaire, d'Alembert en Diderot, bijgestaan door Frederik II, koning van Pruisen, en ik zie dat hun principes en hun manier van handelen dezelfde waren als die van de Duitse atheïsten en anarchisten...... Maar hun favoriete project was om het christendom en alle religie te vernietigen, en een totale verandering van regering te bewerkstelligen.

Robinson had het over de ongetwijfeld vitale rol die de vrijmetselarij speelde in de Franse Revolutie, zoals die door Abbé Barruel op de meest nauwkeurige en onbetwistbare wijze werd onthuld. Als dit niet genoeg is voor de sceptici, laten zij zich dan wenden tot de belangrijkste "wachtwoorden" van de vrijmetselarij. Eén ervan is gebaseerd op Kaïn, die Christus in Mattheüs 23 veroordeelde als profetenmoordenaar. Het wachtwoord, Tubal Cain, is een zeer expliciete verwijzing naar Kaïn. Het andere "geheime woord" is INRI, "Igne Natura Renovatur Integra" - "De gehele natuur wordt door vuur vernieuwd", waarmee Jezus van Nazareth wordt aangeduid. De ingewijde wordt geacht te "ontdekken" wat dit betekent, wat inzicht geeft in het infantilisme van de rituelen waarmee de vrijmetselaars zich bezighouden.

Dan verklaart de meester van de loge:

> Mijn beste broeders, het woord is gevonden, en alle aanwezigen juichen deze ontdekking toe, dat Hij wiens dood de Christelijke religie voltooide, slechts een vulgaire Jood was, gekruisigd voor zijn misdaden. Het is op het Evangelie en op de Mensenzoon dat de Kandidaat de broederschap van de Pausen van Jehova moet wreken.

Dit citaat komt uit het werk van Abbé Barruel over de 18e graad van de Rozenkruisers. De Rozenkruisers waren Vrijmetselaars, die de Engelse Vrijmetselarij stichtten. Het is echter eerlijk om te zeggen dat de overgrote meerderheid van de Engelse Vrijmetselaars nooit verder is gegaan dan de Vierde Graad, en krachtig ontkent dat deze bestaat. In feite hebben veel Engelse vrijmetselaars verklaard dat zij vrome christenen zijn en nooit zouden deelnemen aan het lasteren van Christus of zijn kerk! Voor de meerderheid van haar leden is de vrijmetselarij niets anders dan een herhaling van de Eerste en Vierde Graad. Het is geen wonder dat zovelen het in dit stadium opgeven en niet proberen verder te gaan. Volgens de zeer pro-vrijmetselaar Dr. Mackey, een autoriteit op het gebied van de vrijmetselarij:

> ... Dit zijn de verklaringen en de hoge graad is het commentaar.

Er zijn mensen die zeggen dat als de vrijmetselarij zo slecht is, hoe komt het dan dat zoveel Anglicanen en zelfs sommige pausen vrijmetselaars waren? Ik ben het ermee eens dat duizenden leiders in de Anglicaanse Kerk vrijmetselaars kunnen zijn, maar deze mannen zijn geen christenen; zij zijn de clandestiene agenten van Lucifer, slapers op hun plaats in de Kerk wier functie het is haar te vernietigen! Kunnen we zeggen dat "sommige pausen vrijmetselaars waren", terwijl het onmogelijk is dit te bewijzen, zelfs als er een sterk vermoeden bestaat dat ten minste drie pausen vrijmetselaars kunnen zijn geweest? Verdenking is geen bewijs. Een vals gerucht, begonnen onder vrijmetselaars in Duitsland, dat paus Pius XI een vrijmetselaar was, verspreidde zich snel naar Philadelphia. Eckert, een van de belangrijkste anti-vrijmetselaarsautoriteiten, vertelt ons dat dit werd gedaan om een vervolgonderzoek naar de bewering te voorkomen, dat in Europa gemakkelijker te promoten zou zijn geweest dan in de Verenigde Staten. Niettemin werd de bewering zorgvuldig onderzocht door John Gilmary Shea, de man die uitgebreid schreef over het leven van Paus Pius XI.

Shea's onderzoek bewees dat Pius XI nooit lid was van de Philadelphia Lodge. In feite heeft zo'n loge nooit bestaan in Philadelphia! Preuss, een andere beroemde onderzoeker van vrijmetselaarswaarheden, bevestigt het complot als niets meer dan een poging om paus Pius XI en de katholieke kerk in het algemeen zwart te maken.

In antwoord op de vaak gestelde vraag: "Wat is

vrijmetselarij?" kan ik niet beter doen dan de grote vrijmetselaarsgeleerde en historicus Abbé Barruel citeren... Het is een kwaadaardig kwaad van de smerigste soort, een mening die wordt bevestigd door de Soevereine Paus Albert Pike, die zei:

> De Blauwe Graden zijn niets anders dan de buitendeur van het Tempelportaal. Sommige van de ontvangen symbolen zijn hetzelfde, maar de adept wordt opzettelijk misleid door valse interpretaties.
>
> Het is niet de bedoeling dat hij ze begrijpt, maar eerder dat hij denkt dat hij ze begrijpt. Hun ware interpretatie is voorbehouden aan de Ingewijden, de Prinsen van de Vrijmetselarij.

Deze woorden staan in documenten over Pike die bewaard worden in het heiligdom van het British Museum, als ze intussen niet verwijderd zijn, zoals zoveel documenten als ze ooit een referentiebron worden voor onderzoekers naar de vrijmetselarij. Er moet iets "kwaadaardigs" zijn aan een genootschap dat erop uit is zijn eigen leden opzettelijk te misleiden. Copin-Albancelli, de reeds geciteerde historicus van de vrijmetselarij, beweert dat de vrijmetselarij een door occultisten geleide kracht is die als stormram tegen de christelijke godsdienst wordt gebruikt.

HOOFDSTUK 4

DE ENCYCLIEK MIRARI VOS VAN PAUS GRÉGOIRE XVI

In deze encycliek verklaarde paus Gregorius dat de vrijmetselarij..:

> ... Alles wat het meest heiligschennend, het meest godslasterlijk en het meest schandelijk was in de ketterijen en in de meest misdadige sekten kwam samen in het vrijmetselaarsgenootschap als in een universeel riool.

Geen wonder dat ik in de war ben als mensen zeggen "Katholieken zijn geen Christenen". Laat me zien waar staat dat een protestantse leider zich ooit zo sterk heeft uitgesproken tegen de vrijmetselarij als de katholieke kerk. Ik heb er tot op heden nog geen gevonden.

Misschien verklaart dit waarom Vladimir Lenin een vrijmetselaar was. Preuss zegt over broeder Lenin dat hij lid was van een geheime loge in Zwitserland, onder zijn echte naam Ulianov Zederbaum, van waaruit hij probeerde het christelijke Rusland omver te werpen, een poging waarin hij overigens slaagde dankzij de massale hulp van de Ronde Tafel Vrijmetselaars, Lord Palmerston, Lord Milner en een groot aantal Engelse vrijmetselaars van de 33 graad. En toch beschreef de Zwitserse regering deze aartsdemon als een "intellectueel". Dit is volkomen logisch als je bedenkt dat de thuisbasis van de vrijmetselarij eeuwenlang

Zwitserland is geweest. In het geval van Lenin toonde de "broederschap" aan dat vrijmetselaars bij elkaar blijven, vooral wanneer hun doel is de christelijke religie te vernietigen, zoals in het geval van het orthodoxe Rusland.

Dat de Engelse vrijmetselaars miljarden dollars verdienden aan de plundering van Rusland was natuurlijk een extra bonus. De echte voldoening lag in de omverwerping van het tsaristische regime en de grootschalige afslachting van christenen (naar verluidt 60 miljoen), die een voorbeeld werd voor de Spaanse Burgeroorlog (juli 1936-juni 1939). Ik verwijs naar juni 1939 omdat dat de maand was waarin Franco in triomf door de straten van Madrid marcheerde, nadat hij voor God en vaderland de Luciferiaanse krachten van de communistische vrijmetselarij in zijn land had verpletterd.

Een gerenommeerde autoriteit die ik nog niet heb genoemd is Margiotta, die werd ingewijd in de Riten van het Palladium en een "Prins der Vrijmetselarij" werd. Margiotta zegt dat Pike eiste dat de god van de vrijmetselarij Lucifer werd genoemd, zeer tegen de zin van zijn broer, Adriano Lemmi, die wilde dat de god van de vrijmetselarij Satan werd genoemd.

Albert Mackey beweert dat de Vrijmetselarij er is om een Nieuwe Universele Religie te vestigen. De publicatie *A Cause* stelt dat vrijmetselaars alle wetten en gezag in elk land moeten negeren, precies in lijn met de rebelse revolutionaire aard van Lucifer, die in opstand kwam tegen de wetten en het gezag van God. Daarom kan worden gezegd dat de vrijmetselarij, door haar belijdenis zelf, een revolutionaire macht is, die bestaat met het doel de bestaande orde op aarde omver te werpen, net zoals haar meester Lucifer probeerde de bestaande orde van het heelal omver te werpen! De vrijmetselarij is een paramilitaire orde, zoals volledig wordt bevestigd door haar rangen en symbolen, die militair van aard zijn.

Zowel Eckert als Benoit houden vol dat de ware autoriteit van de vrijmetselarij, het Opperbevel, volledig occult van aard is, wat verklaart waarom het verborgen Opperbevel zich verbergt achter een massa symbolen en ceremonies, die niet ontdekt mogen worden voordat de hoogste graad van de Orde is bereikt. Er wordt alles aan gedaan om ervoor te zorgen dat de identiteit (zelfs een naamsverandering) van deze geheime leiders verborgen blijft voor de gewone leden, op een manier die vergelijkbaar is met die van de Bolsjewieken in Rusland. (Hebben de Bolsjewieken hier hun naamsverandering vandaan?)

De 19e graad van de Schotse Rite der Vrijmetselarij zegt:

> Om oorlog te voeren tegen het kruis van Jezus Christus. Om de cultus van Lucifer van vuur en vlees aan te nemen.

Deze verachtelijke woorden maken deel uit van het bewijsmateriaal in Benedict's *Freemasonry*, de meest opmerkelijke uiteenzetting van de vrijmetselarij die beschikbaar is voor hen die het ware doel van de vrijmetselarij willen weten.

Drie woorden maken de 33 graden vrijmetselaars razend:

> Katholicisme, Obscurantisme en Clericalisme.

Het tweede woord is gewoon een vrijmetselaarswoord, dat zij graag gebruiken om de leer van Christus te beschrijven.

Het moet duidelijk een dubbele betekenis hebben om de

woede op te wekken die het oproept wanneer het gebruikt wordt door niet-vrijmetselaars, omdat niet-vrijmetselaars geacht worden dergelijke woorden te negeren en vrijmetselaars het haten om ontmaskerd te worden. De vrijmetselarij is een valse broederschap, omdat zij opzettelijk de armen uitsluit en degenen die geen kans hebben om ooit politieke macht te bereiken, en opzettelijk haar leden van de lagere orde misleidt.

HOOFDSTUK 5

ECKERT STELT EEN PERTINENTE VRAAG

Eckert stelt een pertinente vraag:

> Waarom sluit de Orde de armen uit, die geen politieke of economische waarde hebben? Het is bekend, en niet ontkend door de Vrijmetselarij zelf, dat zij alleen diegenen wil inschrijven die geslaagd zijn in een commerciële of politieke carrière. Feit is dat geld de drijvende kracht is om nieuwkomers in de broederschap op te nemen.

Deze schaamteloze hypocrisie zou een waarschuwing moeten zijn voor iedereen die is uitgenodigd voor een sociale bijeenkomst in een van de plaatselijke vrijmetselaarstempels. Dit is de gebruikelijke manier waarop degenen van wie de Orde denkt dat ze er financieel beter van worden, hun werving doen. De vrijmetselaar vraagt "Are you in the Square", wat betekent "Are you a Mason?". De vragensteller weet door een geheime handdruk heel goed dat de persoon die hij benaderd heeft geen vrijmetselaar is, maar iemand waarvan hij denkt dat het een waarschijnlijke kandidaat is voor het lidmaatschap van zijn loge!

Voor het behandelen van graden en rituelen zou een eigen boek nodig zijn, want er zijn honderden rituelen, waarvan vele grenzen aan het infantiele.

Er zijn vele goede boeken uitsluitend aan deze rituelen gewijd, die vervelend zijn om te lezen. Volgens de Masonic Bible, de *Encyclopaedia of Freemasonry*, en een recenter werk getiteld *The Meaning of Masonry*, door W.L. Wilmhurst, zijn de belangrijkste rituelen als volgt:

❖ The Ancient and Accepted Scottish Rite
❖ De ritus van Herodes
❖ De Ancient Scottish Reformed Rite
❖ De Grand Orient Rite (waarvan de Franse Rite deel uitmaakt)
❖ De Schotse Filosofische Rite (veel gebruikt in Zwitserland)
❖ De Electric Rite (veel gebruikt in Duitsland)
❖ De Mizraim Rite (oude Egyptische ritus)
❖ De Joanite Rite

Het is interessant op te merken dat het hoofdkwartier van de Universele Vrijmetselarij in Genève, Zwitserland, is gevestigd, onder de naam Internationale Vrijmetselaarsvereniging. Zwitserland is, zoals de geschiedenis laat zien, altijd een toevluchtsoord geweest voor revolutionairen.

Een tweede "bijkantoor" bevindt zich in Lausanne en is bijzonder geheim. Ascona is de thuisbasis van gnostisch satanisme, vrijmetselarij en communisme. Vergeet niet dat vrijmetselaars revolutionairen zijn, ze hebben geleerd om rebellen te zijn tegen alle bestaande regeringen, en de Zwitserse vrijmetselaars zijn geen uitzondering op dit vrijmetselaarsgebod.

Benoit zegt over vrijmetselaars rituelen:

... Ze zijn lang, vervelend en overdreven kinderachtig.

Om ervoor te zorgen dat hun kinderachtige onzin niet wordt ontdekt door "buitenstaanders", wordt een logevergadering voor aanvang "afgedekt", een term die door vrijmetselaars wordt gebruikt om ervoor te zorgen dat er geen buitenstaanders of indringers aanwezig zijn om de gang van zaken te observeren en te rapporteren.

Eckert en Copin beschrijven deze listen op verschillende manieren en gebruiken de term "ongelooflijke hansworst" om ze te beschrijven. Het doel van al deze capriolen, zegt Copin, waarbij geheime wachtwoorden betrokken zijn die voor buitenstaanders onbekend zijn, en Hiram, (Hiram Abiff, koning van Tyrus) vermoedelijk de bouwer van Salomo's Tempel, die werd vermoord, is om het wereldlijke gezag te doen geloven dat de vrijmetselarij een liefdadigheidsinstelling is die zich toelegt op banketten, het inzamelen van geld voor de armen en in het algemeen goed doet voor de gemeenschap! Copin zegt dat in het ritueel van de Middenkamer, waar een Meester nooit binnenkomt, de leden moeten lopen en tegenstappen "als schooljongens".

Eckert ging verder:

> ...Wij zien het ritueel als een theatrale presentatie, te serieus om een grap te zijn, te vergezocht om serieus te zijn.

Toch is het serieus. Het doel is om alle leden die snel laten zien dat ze niet verder willen komen dan dit punt, degenen die slaafs het ritueel volgen, te verwijderen. Hiram is natuurlijk het middelpunt. Voor hen leidt de ladder die zij moeten beklimmen niet tot nieuwe dwaasheden, maar tot een hogere en meer betrouwbare positie in de vrijmetselarij. Het is interessant om enkele van de titels op te merken waarnaar liefhebbers misschien ooit zullen streven:

- ❖ 5 graden: De perfecte meester
- ❖ 11 Graad: De Sublieme Uitverkorene van Prins Ameth's Twaalf
- ❖ 16 Graad: De Prins van Jeruzalem
- ❖ 19 Graad: De Grote Paus
- ❖ 28 Graad: De Ridder van de Zon of Prins Adept
- ❖ 31 Graad: De Grote Inspecteur Inquisiteur Commandant
- ❖ 32 Graad: De Sublieme Prins van het Koninklijk Geheim
- ❖ 33 Graad: De Opperste Pontif van de Universele Vrijmetselarij

Ik ben vooral geïnteresseerd in de rite van Herodes. Waarom zou iemand een moordenaar als koning Herodes willen aanbidden, die duizenden pasgeboren baby's doodde toen de magiërs hem het alarmerende nieuws van Christus' geboorte brachten? De enige reden die ik kan bedenken is dat Herodes probeerde het Christuskind te vermoorden en dat de Vrijmetselaars een antichristelijke orde zijn.

Maar het is aan de prinsen van de vrijmetselarij, zij die de 33 graad hebben bereikt, dat het ware gezicht van de vrijmetselarij wordt onthuld. Adriano Lemmi, zo'n Prins, onthulde dit in zijn uitbarsting van haat tegen het gezin en de Kerk in zijn brief aan Margiotta:

> Ja, ja, de standaard van de Koning van de Hel is in opmars... en moet vandaag energieker en openlijker dan ooit strijden tegen alle apparaten van de klerikale reactie.

Zij die slaafs de kinderlijke spelletjes van de Vrijmetselarij uitvoeren en alle ceremoniële bevelen naar de letter volgen zonder ook maar iets te missen, staan bekend als "Briljante Vrijmetselaars", wat twee stappen boven de zogenaamde

"Mes en Vork Vrijmetselaars" staat, die alleen leven voor de vele feesten en banketten die de Vrijmetselaars genieten, terwijl zij die niet gekwalificeerd zijn voor een hogere graad "Roestige Vrijmetselaars" worden genoemd. Benedictus zegt dat deze laatsten ook bekend staan als "papegaaimetselaars", omdat zij wel de lessen kennen, maar niet de betekenis ervan. Er is absoluut geen gelijkheid in de Loges, wat in tegenspraak is met de protesten van de Vrijmetselaars dat allen gelijk zijn, en dat "vrijheid, gelijkheid en broederschap" de hoeksteen is waarop de Vrijmetselarij is gebouwd.

Pike schrijft dat de aanbidding van Lucifer alleen bekend is bij hen die de laatste graad hebben bereikt. Lord Christopher Soames, de Zimbabwaanse verrader, is zo iemand, evenals Lord Carrington, de voormalige secretaris-generaal van de NAVO. (Er zijn velen in het Amerikaanse Congres die het eens zijn met Lord Soames en Lord Carrington. Eén die me snel te binnen schiet is Senator Trent Lott, een 33 graden vrijmetselaar). Copin, Benoit en Eckert herinneren ons er allemaal aan dat het wachtwoord INRI, dat ik eerder uitlegde, een woord is dat vijandig staat tegenover Christus. Ik vraag me af hoe senator Lott en anderen zoals hij, die het christendom belijden, dit kunnen rijmen met hun geweten.

Wat is de Luciferiaanse cultus? We moeten op dit punt duidelijk zijn om Pike's Palladium Rites te begrijpen, en wat de prinsen van de vrijmetselarij eigenlijk volgen, terwijl ze beweren christenen te zijn, zoals in het geval van veel leden van de hiërarchie van de Anglicaanse kerk, de aristocratieën van Europa, en niet te vergeten het liberale establishment van de oostkust van de Verenigde Staten en veel leden van het Congres! Zoals Albert Pike uitlegt, is de Luciferiaanse cultus een geloof dat leert dat Lucifer de helderste van de drie engelen was, geplaatst aan de rechterhand van God, een superwezen met superieure intelligentie en vermogens. Zijn macht was zo groot dat hij God kon tarten en de controle over het universum kon overnemen.

Er volgde een machtig gevecht met St. Michael, de strijdende engel van God (die de vrijmetselaars beschouwen als de broer van Lucifer), die Lucifer versloeg en hem uit de aanwezigheid van God verdreef.

Jezus Christus verwijst ernaar in de Evangeliën. Lucifer werd verbannen naar de hel, die wordt beschreven als een echte plaats in het universum. Lucifer nam veel van de leidende engelen van de hemelse hiërarchie met zich mee, die bereid waren met hem over te lopen. Volgens het Luciferiaanse credo gaf God deze engelen nog een kans om zich te bekeren, omdat Hij vond dat zij misleid waren door de bedrieglijke meester Lucifer.

Het was met dit doel dat God onze planeet schiep en dat de engelen die misleid waren en niet openlijk in opstand kwamen, lichamen kregen naar Gods beeld en de aarde mochten bewonen. Deze wezens waren vervuld van Gods adem, geest en licht, en waren door God geheiligd. Zij verschilden niet van gewone mensen, behalve dat zij geen kennis hadden van hun vorige leven in de hemel. Maar zij ontvingen ingevingen van zijn woord om hen te steunen in hun plan en behielden een vrije wil. Hun geest werd gebruikt om te beslissen waar de ingevingen vandaan kwamen en deze om te zetten in lichamelijke handelingen, die altijd ofwel positief ofwel negatief zijn - geen middenweg. Deze handelingen zijn opgetekend in een boek dat bekend staat als het Boek des Levens, genoemd in Openbaringen.

Door hun handelingen in het fysieke rijk beslissen deze wezens van hemelse oorsprong over hun eigen toekomst, d.w.z. zij kunnen het plan van Lucifer aanvaarden, of Gods plan om het universum te besturen. Je zou kunnen zeggen dat dit bijna lijkt op wat de Christelijke Bijbel leert, maar niet helemaal.

Plotseling verschijnt Satan, gebracht door Lucifer, als de Prins der Wereld (Merk op dat het gebruik van het woord "Prins" ook door Vrijmetselaars wordt gebruikt) bij de schepping van de wereld. De taak van Satan was om de eerste ouders zover te krijgen zich van God af te keren en zich bij Lucifer aan te sluiten, en zo zijn plan te bederven.

God, zegt Pike, wandelde in de Hof van Eden met zijn eerste zoon, maar verzuimde hem te onderrichten in de genoegens van de seks, omdat hij een jaloerse en egoïstische God is. Zoals de Inferior Order of the Rites of the Palladium leert, deed God dit omdat dit genot Hem toebehoorde en niet gedeeld mocht worden totdat de kinderen hun gehoorzaamheid, integriteit en absolute eerlijkheid hadden bewezen. Alleen dan zou het hun als beloning worden gegeven.

Toen, zegt Pike, nam Satan het heft in eigen handen en liet Eva in opdracht van Lucifer kennismaken met de genoegens van seks, die God had gereserveerd voor de voortplanting en die hij eenvoudigweg had uitgesteld tot de eerste ouders er klaar voor waren. Satan vertelde Eva dat zij in macht gelijk zou zijn aan God, net als Adam, en dat zij nooit de dood zou hoeven meemaken. Satan bracht Eva in aanraking met wat wij graag "vleselijke kennis" noemen, een term die volkomen misleidend is.

Zo werd het Luciferiaanse ideaal van vrije liefde en vrije seks geïntroduceerd, in tegenstelling tot het goddelijke plan van seks binnen de grenzen van het huwelijk van een man en een vrouw om kinderen te verwekken, gebaseerd op een geestelijk verlangen om het Koninkrijk van God op aarde te vestigen.

Pike's uitleg van de Zwarte Mis laat zien hoe Eva bedorven werd, en in plaats van dat seks een persoonlijke en private daad van fysieke en spirituele liefde was, werd het een openbare vertoning van seks die voor iedereen toegankelijk is, wat vandaag de dag de essentie is van hekserij. Het is eerlijk om te zeggen dat gezien de omstandigheden die vandaag op aarde heersen op seksueel gebied, Satan de strijd wint, zij het tijdelijk, totdat hij door Jezus Christus wordt verslagen. Vandaar de onophoudelijke haat van de Vrijmetselaars tegen Christus!

HOOFDSTUK 6

HET GEBRUIK VAN DE CHRISTELIJKE BIJBEL IN VRIJMETSELAARSTEMPELS

Preuss en de *Katholieke Encyclopedie* bevestigen het gebruik van de Bijbel en het Kruis in vrijmetselaarstempels. Veel vrijmetselaars van lagere orde hebben de bewering dat de vrijmetselarij een Luciferiaanse cultus is, van tijd tot tijd betwist. Zij zeggen: "Aangezien wij de Bijbel en het Kruis tonen, hoe kan dit dan?". Dit is onderdeel van het plan van de Vrijmetselarij om te misleiden. De Bijbel is er alleen om belachelijk gemaakt te worden in de hogere orde, net als het Kruis, dat feitelijk met voeten wordt getreden, terwijl er de smerigste godslasteringen tegen worden uitgesproken.

Eckert bevestigt dat het Kruis en de Bijbel worden belicht om ze te reduceren tot het niveau van andere religieuze "boeken" van weinig belang. In de 30 graad van de Schotse Rite moet de ingewijde het Kruis vertrappen, terwijl de Ridder Kadosh hem zegt: "Vertrap dit beeld van bijgeloof! Verpletter het!" Doet de ingewijde dit niet, dan krijgt hij applaus, maar de geheimen van de 30 graden worden hem niet doorgegeven. Als hij het kruis vertrapt, wordt hij opgenomen in de orde van de Ridders Kadosh, en krijgt hij de opdracht zijn wraak uit te voeren op drie beelden die de paus, het bijgeloof en de koning voorstellen.

Deze grafische beschrijving wordt gegeven door de beroemde autoriteit Benoit in zijn monumentale werk, *Vrijmetselarij*. Vrijmetselaars hopen de zaak van Lucifer te bevorderen, die over het universum wil heersen. Sommige vrijmetselaars zijn zelfs zo ver gegaan dat ze zich hebben laten ontmannen, in de overtuiging dat ongebreidelde seksualiteit, zoals toegestaan door het Luciferiaanse credo, hun werk om Lucifers koninkrijk op aarde te vestigen wel eens in de weg zou kunnen staan. Janos Kader, de voormalige leider van Hongarije, liet zich om deze reden castreren. De katholieke kerk gaat niet tot dit uiterste, maar eist het celibaat voor priesters en nonnen, zodat seksuele druk geen rol kan spelen in hun dienst aan de mensheid en aan Christus. Pike, hoewel Opperpriester, ontving zijn orders via een reeks "Instructies" in 1889, door wat Margiotta een "Hoge Raad van 23 Raden van de Wereld Vrijmetselarij" noemt.

Volgens sommige vertalingen van de tekst, die zich in het British Museum in Londen bevindt, luiden de instructies als volgt:

> Tegen u, Soevereine Inspecteurs Generaal, zeggen wij dit, zodat u het kunt herhalen tegen de Broeders van de 32, 31 en 30 Graden: De vrijmetselaarsgodsdienst moet, door ons allen Ingewijden van Hoge Graden, in de zuiverheid van de Luciferiaanse leer worden gehandhaafd. Als Lucifer niet God was, Adonai wiens daden zijn wreedheid en haat tegen de mens, zijn barbaarsheid en zijn afkeer van de wetenschap bewijzen, zouden Adonai en de priesters hem dan belasteren? Ja, Lucifer is God, en helaas is Adonai ook God. Want de eeuwige wet is dat er geen licht is zonder schaduw... Dus de leer van het satanisme is een ketterij, en de zuivere en ware filosofische religie is het geloof in Lucifer, de gelijke van Adonai, maar Lucifer, de God van het Licht en de God van het Goede, strijdt voor de

mensheid tegen Adonai, de God van de Duisternis en het Kwaad.

Dit is de ware religie van de Vrijmetselarij.

De doelen en doelstellingen van de vrijmetselaarsreligie, zoals hierboven beschreven, leiden tot revoluties die bedoeld zijn om het Koninkrijk van God op aarde omver te werpen. De omverwerping van christelijk Rusland was een grote triomf voor de antichristelijke krachten, hun nederlaag door generaal Franco in Spanje was een catastrofale slag waarbij ook de vrijmetselarij werd verslagen, waarvoor Franco nooit zal worden vergeven. Als u denkt dat dit een zwak verband is, denk dan nog eens na: het vrijmetselaarsplan voor scheiding van kerk en staat in de VS verscheurt Amerika, evenals abortus, de gedwongen afschaffing van schoolgebeden en het verbod voor christenen om de heilige dagen Pasen, Pinksteren en Kerstmis naar behoren te vieren als nationale feestdagen. (Niet zoals de heidenen met paaseieren en de kerstman, etc.).

Dit zijn slechts enkele voorbeelden van wat deze leer heeft erkend. Vrijmetselaarsdruk is krachtige druk! Voor het geval we het vergeten, of zelfs dat sommigen van ons het nooit wisten, riepen de Vrijmetselaars in Frankrijk op tot hernieuwde banden met de Bolsjewistische regering na een wereldwijde breuk in de diplomatieke betrekkingen uit protest tegen het geweld en bloedvergieten van de Bolsjewistische revolutie. Vrijmetselaar president Woodrow Wilson was de eerste om de Bolsjewistische regering te erkennen, ondanks sterke protesten van het Congres. De kracht van de Vrijmetselarij is indrukwekkend!

Eckert:

> De Vrijmetselaars organiseerden de Eerste Wereldoorlog;
> zij geven toe de meest woeste opstandelingen en apostelen
> van moordaanslagen ter wereld te zijn.

De moord op aartshertog Ferdinand van Oostenrijk in Sarajevo, door historici algemeen beschouwd als de vonk die Europa in de Eerste Wereldoorlog deed ontbranden, was een zaak van de vrijmetselaars. Veel autoriteiten naast Eckert zijn het met deze bewering eens. Uit de uitleg van het ritueel en uit de eeuwenoude geschiedenis en bekentenissen van de leden van de Orde kunnen we terecht concluderen dat de vrijmetselarij een samenzwering is tegen het altaar, de regering en het eigendomsrecht, met als doel over de gehele aarde een theocratisch sociaal koninkrijk te vestigen, waarvan de politiek-religieuze regering haar zetel zou hebben in Jeruzalem. De onmisbare voorwaarde voor deze verwezenlijking is de vernietiging van de drie obstakels die in de weg staan: de katholieke kerk, de nationale regeringen en het privé-eigendom.

Het middelste bezwaar is grotendeels weggevallen. Er is nauwelijks een regering waar de vrijmetselarij, zo niet welkom, dan toch ongehinderd wordt getolereerd. Ik vraag me vaak af wat het is met regeringen dat toestaat dat deze kanker in hun midden alle pogingen om haar activiteiten te beteugelen overwint. Regeringen kunnen niet blind zijn voor de geschiedenis, die vol staat met voorbeelden van vrijmetselaarsverraad. Waarom mag dit duivelse geheime genootschap, deze Luciferiaanse religie, dan bestaan binnen christelijke naties? Waarom mag elk geheim genootschap bestaan? Ik zou graag willen dat iemand met meer kennis dan ik deze verbijsterende vraag beantwoord.[1]

Misschien komt dit omdat de regeringen van alle westerse landen volledig worden gecontroleerd door een parasitaire geheime regering, zoals wij die hebben beschreven in ons boek over het Comité van 300, via zijn Raad voor Buitenlandse Betrekkingen, die absoluut Luciferiaans is in elk facet van zijn activiteiten. Daarbovenop hebben we vele machtige religies die niet christelijk zijn, en zelfs één grote religie die ronduit antichristelijk is en een leidende rol speelt in alle antichristelijke activiteiten.

De Vrijmetselaars zien de vernietiging van Christus als een essentieel doel van hun religieuze doelstellingen, die natuurlijk volledig gecorreleerd zijn met hun politieke aspiraties. Amerika zal nog steeds een prijs moeten betalen voor "godsdienstvrijheid" en die prijs zal hoogstwaarschijnlijk de totale vernietiging zijn van deze grote Amerikaanse Republiek zoals we die in haar huidige vorm kennen. Als je de deuren openzet voor dieven, kun je verwachten dat er in je huis wordt ingebroken!

De vrijmetselaarsleugen van "gelijkheid van alle godsdiensten" is al vele malen ontmaskerd als een charlatanisme, een schijnleugen, maar het moet nog eens herhaald worden: in de vrijmetselarij is er geen vrijheid van godsdienst. Geen andere verering dan de Luciferiaanse wordt getolereerd, en alle andere worden gehekeld. Vooral het christendom kan een aanval van extreme felheid tegen zich verwachten, wanneer de vrijmetselaars de macht hebben gegrepen over alle wereldlijke regeringen van deze

---

[1] Het beroemde CFR.

wereld, zoals hun vaak verklaarde doel is.

Natuurlijk zendt de vrijmetselarij haar bedoelingen niet van de daken van elke stad; sterker nog, zoals ik al eerder zei, de meerderheid van haar leden is volledig onwetend over deze waarheden.

Om nogmaals de Hoge Paus, Albert Pike, te citeren:

> Zoals alle religies, alle mysteries, het hermetisme en de alchemie, verbergt de vrijmetselarij haar geheimen voor iedereen, behalve voor de Ingewijden, de Wijzen en de Uitverkorenen, en gebruikt zij valse verklaringen en interpretaties van haar symbolen om degenen die het verdienen bedrogen te worden, te misleiden en de waarheid, die Licht wordt genoemd, voor hen te verbergen en hen ervan af te scheiden.

Deze zeer openhartige uitspraak, waarvan de echtheid door een aantal vrijmetselaars wordt betwist, is geverifieerd door Preuss, een van de belangrijkste autoriteiten op het gebied van de vrijmetselarij, en is opgenomen in de papieren van Pike in het British Museum in Londen. Er bestaat absoluut geen twijfel over de authenticiteit van dit citaat.

HOOFDSTUK 7

DE BRITSE OORSPRONG VAN MISLEIDING

De Britten hebben deze wereld voorzien van vele grote misleiders. Er schiet me er één te binnen: Benjamin Disraeli, een van hun grootste premiers, hoewel hij, totdat hij bijna berooid door de Rothschilds werd opgenomen, niet veel had bereikt. Maar dit is een verhaal dat ik heb verteld in mijn boek *The Rothschild Dynasty*, een verhaal dat slechts aan weinigen is onthuld. Disraeli wordt erkend als een autoriteit op het gebied van de Vrijmetselarij, en lang na het einde van de Franse Revolutie deed hij de volgende uitspraak:

> Het waren niet de parlementen, noch het volk, noch de loop der gebeurtenissen die de troon van Louis-Philippe ten val brachten... De troon werd verrast door de geheime genootschappen, altijd klaar om Europa te verwoesten.

Ik weet dat deze zin in het verleden vaak is geciteerd, maar ik vond het de moeite waard hem in dit boek op te nemen, eenvoudigweg omdat hij vandaag de dag niet minder betekenis heeft dan toen Disraeli deze woorden in 1852 sprak.

Vergis u niet, de krachten die Frankrijk en Rusland hebben verwoest, staan klaar om de Verenigde Staten te verwoesten. Wilt u niet opletten om te zien hoe Zuid-Afrika is verraden en verkocht aan de Nieuwe Wereld Orde? Als we niet oppassen, verdienen we het lot dat ons waarschijnlijk allemaal zal overkomen, tenzij we het Amerikaanse volk wakker schudden! Ik zeg dit omdat een studie van de geheime Amerikaanse geschiedenis de dodelijke en kwaadaardige invloed van de Vrijmetselarij in de zaken van deze natie blootlegt. De presidenten Lincoln en Garfield werden beiden vermoord door vrijmetselaars. Er zijn vele onbetwistbare bronnen die aangeven dat deze moorden werden voorbereid en gepland door Vrijmetselaars en daar bleef het niet bij. President Reagan ontsnapte ternauwernood aan de dood door toedoen van John Hinckley.

De Schotse Rite der Vrijmetselarij heeft talloze moordcomplotten beraamd tegen politieke figuren die de vrijmetselaars in verlegenheid brachten. De psychiater die Hinckley eerst raadpleegde was een vrijmetselaar. Hinckley was geprogrammeerd om de aanslag uit te voeren, die mislukte. Kortom, Hinckley was net zo gehersenspoeld als Sirhan-Sirhan. Zoals ik in eerdere publicaties heb gemeld, ontving Hinckley's psychiater, die later getuigde tijdens zijn proces, een aanzienlijke "toelage" van de Schotse Rite der Vrijmetselarij. Moet ik nog meer zeggen?

Voor degenen die nog steeds denken dat de vrijmetselarij een filantropische orde is die goed doet, stel ik voor dat u leest wat Copin-Albancelli, een streng criticus, en Louis Blanc, een van de lievelingen van de vrijmetselarij, over de orde te zeggen hadden. In een moment van openhartigheid legde Blanc het bedrog van de Vrijmetselarij bloot:

> Aangezien de drie graden van de gewone vrijmetselarij een groot aantal mannen samenbracht die tegen elkaar waren, vanwege hun status en het principe van sociale

omverwerping, hebben de vernieuwers de graden vermenigvuldigd als zoveel sporten op de mystieke ladder; zij hebben de hoge graden ingesteld als een duister heiligdom, waarvan de poorten voor de ingewijden pas worden geopend na een lange reeks beproevingen (die) bedoeld zijn om de voortgang van hun revolutionaire opvoeding, de standvastigheid van hun geloof en de tempel van hun hart te bewijzen.

Blanc heeft dit onweerlegbare feit geleverd: de vrijmetselarij is een van de sterkste revolutionaire krachten in de wereld, en is dat al sinds haar ontstaan. Nogmaals, we moeten een woordvoerder van de vrijmetselaars bedanken voor het helpen blootleggen van het bewijs dat nodig is om bovenstaande bewering te ondersteunen.

Ik heb gemerkt dat telkens als de vrijmetselaars een groot banket organiseren, één van hen loslaat en de waarheid aan het licht komt. Kijk naar de verklaring van de vrijmetselaar Jacques Delpech tijdens een zeer groot en belangrijk banket in 1902:

> De triomf van de Galileeër heeft twintig eeuwen geduurd, en nu is het zijn beurt om te sterven. De mysterieuze stem die ooit de dood van Pan op de berg van Epirus aankondigde, kondigt nu de dood aan van de bedrieglijke God die een tijdperk van rechtvaardigheid en vrede beloofde aan hen die in hem geloofden. De illusie heeft lang geduurd; de liegende God verdwijnt op zijn beurt; hij zal zich voegen bij de andere godheden van India, Griekenland en Egypte, en ook van Rome, waar zoveel misleide wezens zich aan de voet van hun altaren hebben geworpen. De vrijmetselaars zijn gelukkig niet betrokken bij deze ondergang van de valse profeten.

De Roomse Kerk, gestoeld op de Galileïsche mythe, begon

snel achteruit te gaan op de dag dat de Vrijmetselaarsvereniging werd opgericht... Vanuit dit politieke oogpunt hebben de Vrijmetselaars vaak gevarieerd, maar van oudsher hebben de Vrijmetselaars vastgehouden aan dit principe, oorlog tegen alle bijgeloof, oorlog tegen alle fanatisme.

Het origineel van deze verklaring is te zien in het British Museum in Londen. Ik heb eerder in dit boek een fragment uit deze verklaring geciteerd, maar bij nader inzien vond ik het gepast deze in zijn geheel op te nemen, omdat ik het beschouw als de meest onthullende woorden die ooit door een hoge vrijmetselaar zijn uitgesproken.

Misschien minder bekend is de rol die de vrijmetselarij speelde in de War Between the States, ook bekend als de Amerikaanse Burgeroorlog. Een autoriteit op dit gebied is auteur Blanchard, die in zijn werk, *Scottish Rite Masonry*, Volume II, pagina 484, over dit tragische conflict zegt:

> Dit is de meest beruchte daad van vrijmetselaarsoorlog, na het verbranden van hun 59 jaar oude archieven voor de oorlog om het verraad te verbergen. Maar slavernij regeerde toen en de Charleston van de 33 graden regeerde de loges. En de zuidelijke loges bereidden zich voor op de meest ongerechtvaardigde en beruchte oorlog ooit. Zuidelijken werden erin geleid door leiders die in het geheim zwoeren vrijmetselaars orders en leiders te gehoorzamen, of hun keel doorgesneden te krijgen!

Wat heeft de vrijmetselarij tot nu toe bereikt? Ten eerste is haar oorlog tegen Christus en de Kerk geïntensiveerd dankzij een massale opleving van hekserij en de duizelingwekkende verspreiding van het gnosticisme in het laatste decennium (zie mijn boek *Satanisme*).

Ook de strijd met de katholieke kerk werd heviger. In 1985 zaten er meer Jezuïeten in de hogere raden van het Vaticaan dan ooit tevoren in de geschiedenis van het katholicisme. Haar paramilitaire orde, de Sociëteit van Jezus, kon zich over de hele wereld verspreiden en een ravage aanrichten onder de volkeren, met name in Zimbabwe, Nicaragua, de Filippijnen en Zuid-Afrika, en ook, in zeer grote mate, in de Verenigde Staten van Amerika, waar zij een waar fort-commandocentrum vestigde van waaruit zij elke tak van de regering binnendrong. Het heeft een geest van anarchie voortgebracht die de wereld in vele vormen overspoelt, met name in de vorm van "rock"-muziek en haar tegenhanger, de drugscultuur, alsmede in de golf van internationaal terrorisme. Het is goed te bedenken dat Lucifer volgens Christus staat voor anarchie en rebellie, waarvan hij de vader is. Bij het onderzoeken van de voortgang van de Vrijmetselarij gaan we terug naar haar eerste grote triomf, de bloedige Franse Revolutie. Denk nogmaals aan de woorden van Christus: Satan is een bloeddorstige moordenaar, en is dat altijd geweest.

De vrijmetselarij speelde een hoofdrol in de planning en uitvoering van de Franse Revolutie. [2]Voor degenen onder u die het misschien nog niet gelezen hebben, beveel ik het boek *The French Revolution aan*, door Nesta H. Webster. Het is een van de best onderzochte boeken die onomstotelijk aantonen dat de Franse Revolutie een onderneming was van de Vrijmetselarij, gefinancierd door de Rothschilds, die op deze manier uiting gaven aan hun jarenlange en ziedende haat tegen Christus.

---

[2] *The French Revolution, a study in democracy*, gepubliceerd door Omnia Veritas Ltd, www.omnia-veritas.com

Hetzelfde geldt voor de angstaanjagende bolsjewistische revolutie van 1917. In beide gevallen zien we de geest van de Vrijmetselarij als leidende hand, met name de Britse Vrijmetselarij. Daarvoor zagen we de Anglo-Boerenoorlog, een wrede en meedogenloze poging om een kleine herdersnatie van godvrezende christenen uit te roeien, de eerste daad van genocide, uitsluitend uitgevoerd om controle te krijgen over de minerale rijkdommen onder de grond van Zuid-Afrika. Ja, het was de eerste geregistreerde genocide tegen een natie. Vooraanstaande Vrijmetselaars zoals Lord Palmer en Alfred Milner pleegden deze tegen wat zij beschouwden als een "goedkope" (in de woorden van Cecil Rhodes) inferieure natie, de blanke, Christelijke natie van Boeren.

Tijdens deze oorlog zagen we het eerste gebruik van concentratiekampen en een totale oorlog tegen de burgerbevolking (in tegenstelling tot het leger), die resulteerde in de dood van 27.000 vrouwen en kinderen. De wrede Krimoorlog was een andere mijlpaal in de vooruitgang van de universele vrijmetselarij.

De Abessijnse Oorlog, een andere genocidale oorlog, werd begonnen met als enig doel Italië te verscheuren en de Katholieke Kerk te verzwakken. Het was niets meer dan een intrige van de Vrijmetselarij van begin tot eind. Generaal Rodolfo Grazziani was een vooraanstaand vrijmetselaar, en de hele affaire was een plan van Mazzini, een meester-vrijmetselaar en een uitstekende intrigant in het vrijmetselaarsnetwerk.

Geen wonder dat Mussolini in 1922 de vrijmetselarij in Italië verbood en enkele van haar leiders, zoals Bartelemeo Torregiani, verbant. Zoals gewoonlijk gingen zij naar Londen, de wereldhoofdstad van allerlei subversieve en rebelse bewegingen, waar de Britse pers het Britse volk probeerde te misleiden door te melden dat Italiaanse vrijmetselaars "niet welkom" waren, om een grote krant te citeren die het verhaal in 1931 publiceerde.

Zoals reeds vermeld, was de zogenaamde Spaanse Burgeroorlog een poging om een communistische regering te installeren en de katholieke kerk in Spanje omver te werpen. Het was weer een vrijmetselaarscomplot, hoe je het ook bekijkt. De Vrijmetselaars maakten gebruik van de onrust onder de bevolking die hun troepen hadden veroorzaakt, om een woedende en bloedige aanval op de Katholieke Kerk te doen. Officiële statistieken laten zien dat 50.000 nonnen en priesters hun leven verloren op de meest wrede en onmenselijke manier. De haat tegen de katholieke kerk was zo hevig dat socialistische troepen in één vreselijke actie de lijken van nonnen en priesters opgroeven en ze zittend tegen de muren van een kerk opstelden, kruizen in hun handen staken en de doden uitschelden, aanklagen en vervloeken met alle mogelijke gemene scheldwoorden.

Omdat de westerse pers toen, net als nu, in handen was van de vrijmetselarij, kregen de "loyalisten" (de communisten, wier enige loyaliteit aan Lucifer was) de steun van de wereldpers. Tijdens mijn studie aan het British Museum las ik uitgebreid de persberichten over de oorlog, en ik bekeek ook een aantal "journaals" en documentaires over het onderwerp, met name enkele "reportages", die duidelijk het werk waren van het Tavistock Instituut.[3]

---

[3] Zie John Coleman *Het Tavistock Instituut voor Menselijke Relaties*, Omnia Veritas Ltd, www.omnia-veritas.com.

Zonder uitzondering zijn de vijanden van de mensheid overladen met lof, ophemeling, steun en troost, terwijl de strijdkrachten van het christelijke Spanje, onder leiding van de christelijke generaal Franco, zijn onderworpen aan alle ongegronde laster en beschuldigingen van wreedheid die onze liegende westerse pers zo goed kan bedenken en uitvoeren. Ik durf te beweren dat als Christus zelf de christelijke krachten van Spanje had geleid, de uitverkopers in de pers er op de een of andere manier in zouden zijn geslaagd om zelfs zijn inspanningen te ondermijnen!

HOOFDSTUK 8

VRIJMETSELAARSMOORDEN OP WERELDLEIDERS

Het vrijmetselaarscomplot om Aartshertog Ferdinand in Sarajevo te vermoorden slaagde, en de Eerste Wereldoorlog, met zijn verschrikkelijke tol aan afgeslachte blanke christenen, was het gevolg. De Eerste en Tweede Wereldoorlog waren het resultaat van vrijmetselaarsintriges, complotten en planning.

Ik heb de moorden op de Amerikaanse presidenten Lincoln, Garfield, McKinley en Kennedy al genoemd. Moorden door vrijmetselaars bleven niet beperkt tot Amerikaanse presidenten, maar betroffen een breed scala aan opmerkelijke figuren in de geschiedenis.

Er zijn nog vele andere slachtoffers van de vrijmetselaars, zoals vertegenwoordiger L. McFadden, voorzitter van het House Banking Committee, die probeerde de Federal Reserve Bank, een particuliere bank, tegen te houden. Het is noch federaal, noch een reservebank, maar een instrument van slavernij, gecontroleerd door de Vrijmetselarij.

Het is algemeen bekend dat Paul Warburg, een 33 graden vrijmetselaar uit Duitsland, de artikelen schreef die de Amerikaanse grondwet ondermijnden door de oprichting van de Federal Reserve Banks in 1913. De Vrijmetselaars in de Amerikaanse Senaat zorgden ervoor, dat het werd aangenomen als "wet".

Slechts twee van de samenzweerders die op 22 november 1910 Hoboken verlieten in de verzegelde privé-wagen, op weg naar Jekyll Island, voor de kust van Georgia, om de Federal Reserve banken te plannen, waren geen vrijmetselaars. Er zijn weinig verwijzingen naar deze samenzwering om de grondwet te ondermijnen in officiële documenten. Zelfs kolonel Mandel House (een vooraanstaand vrijmetselaar die comptroller was van president Wilson, die de Federal Reserve Act ondertekende) maakt er geen melding van.

Zoals gewoonlijk, wanneer de vitale belangen van het Amerikaanse volk op het spel staan, vindt de schurkenpers, zoals de *New York Times*, het niet nodig om het Amerikaanse volk te informeren over deze verachtelijke daden van verraad. Waarom was 1913 belangrijk? Omdat zonder de Federal Reserve banken, de Vrijmetselarij de Eerste Wereldoorlog niet had kunnen voeren! In die oorlog, en in de Tweede Wereldoorlog, werden de munitiefabrieken van de internationale banksters (een woord voor bankiers en gangsters) nooit aangeraakt! De "elastische" valuta van de Federal Reserve Bank leverde het geld voor de wapenhandel, dus je kunt er zeker van zijn dat niemand aan beide zijden van het conflict zo dom zou zijn geweest om de bezittingen van de banksters, d.w.z. hun wapen- en munitiefabrieken, te vernietigen.

Ik denk dat de echte "internationalisten" de wapenhandelaren van de Westerse landen zijn. Deze mannen werken onder leiding van de Vrijmetselaars en hebben twee doelen: oorlogen creëren en verlengen en de vrede verstoren door internationaal terrorisme. Om vervolgens de oorlogen uit te buiten, die volgens hen zullen volgen. De banken kennen geen nationale grenzen en zijn aan geen enkel land trouw. Hun God is Lucifer.

Pak indien mogelijk een exemplaar van *Arms and the Men*, een klein boekje uitgegeven door Fortune Magazine en lees het aandachtig door. U zult dan een duidelijk beeld hebben van wie er achter het internationale terrorisme zit, en misschien nog belangrijker, het bewijs dat de vrijmetselarij de demonische kracht is die tegenwoordig in de wereld opereert, verantwoordelijk voor de Rode Brigades (opvolger van de vrijmetselaars-terreurgroep La Roja - De Roden) en de vele honderden georganiseerde terreurgroepen die over de hele wereld actief zijn!

Een ander van de grootste successen van de Vrijmetselarij is het gebruik van kunstmatig opgewekte drugs en de razendsnelle verspreiding van de "handel" in de hele Westerse wereld. De rol van China (de belangrijkste leverancier van ruwe opium) in het Vietnam conflict was om Amerikaanse troepen verslaafd te maken aan opium zodat ze hun gewoonte mee terug zouden nemen naar Amerika. China slaagde hierin. Statistieken tonen aan dat 15% van de Amerikaanse strijdkrachten in Vietnam verslaafd raakte aan heroïne! De koninginnen van de drugshandel zijn vooraanstaande vrijmetselaars.

Als u dit moeilijk te geloven vindt, laat me u dan herinneren aan de grootste opiumexploitanten die de wereld ooit gekend heeft: de Britse regering. Het officiële opiumbeleid van de Britse regering voor China leverde miljoenen opiumrokende verslaafden op. Lord Palmerston, een 33 graden Schotse Rite Vrijmetselaar, was verantwoordelijk voor deze verraderlijke handel. De winsten van deze satanische onderneming financierden tenminste één grote oorlog tegen Christus - de Anglo-Boerenoorlog (1899-1902).

Wat is er gebeurd met prinses Grace van Monaco? Haar auto staat nog steeds onder controle op het politieterrein in Monaco. Niemand mag hem inspecteren. En waarom niet? Omdat Grace is vermoord door de mannen van de P2 Vrijmetselaars Orde (de meest geheime tak van de Italiaanse Vrijmetselarij) om haar man te waarschuwen zich de winsten van zijn dopingoperaties in Colombia en Bolivia niet toe te eigenen!

De wetteloosheid van het Amerikaanse Hooggerechtshof is geïnspireerd door de Vrijmetselaars. Het wetteloze Hooggerechtshof heeft Amerika abortus gegeven, een beleefd woord voor de grootschalige moord op tenminste 50 miljoen onschuldige, weerloze baby's die zichzelf niet kunnen beschermen! Moge de Almachtige God ons vergeven dat we Lucifer toestaan de ongeborenen te vermoorden.

Koning Herodes was een beruchte kindermoordenaar, maar in vergelijking met abortusfabrieken lijkt hij een heilige. Zijn de pro-abortus rechters op de banken van het Hooggerechtshof beter dan Herodes? De anarchie van het Hooggerechtshof die gebeden verbiedt op onze scholen is nog een triomf van de Vrijmetselarij. Lucifer is de belichaming van wetteloosheid, en het door vrijmetselaars gecontroleerde Hooggerechtshof van de Verenigde Staten voert zijn wetteloze agenda uit in de Verenigde Staten van vandaag.

> Ik zal mij verheffen boven de hoogten der wolken; ik zal zijn als de Allerhoogste (Jesaja, hoofdstuk II, vers 14).

Dit is wat het Hooggerechtshof van de Verenigde Staten heeft gedaan. Het heeft zichzelf boven de twee grootste documenten ooit geschreven geplaatst, de Bijbel en de Amerikaanse Grondwet! Totdat we deze verschrikkelijke situatie verhelpen, zullen de Verenigde Staten blijven afdrijven en uiteindelijk als een rijpe pruim in de handen vallen van de door Lucifer beheerste wereldwijde samenzwering die we vrijmetselarij noemen. In het boek Genesis, hoofdstuk 3, vers 15, lezen we dat God de oorlog verklaarde aan Lucifer. Dat conflict is nu aan de gang. Wat doen we eraan?

Spenderen we onze tijd aan verdoving door de spektakelsport op televisie, of dragen we ons steentje bij om onze mede-Amerikanen te waarschuwen dat de ondergang van deze grote natie nabij is? Als we niet ontwaken uit onze blinde luiheid en ons aansluiten bij Gods oorlog tegen Lucifer, zijn we van weinig waarde als soldaten van Christus.

Jezus zei dat Kaïn de eerste bandiet op aarde was. De vrijmetselaarsbeweging eert Kaïn met haar wachtwoord, Tubal Kaïn. Vrijmetselarij kan niet samengaan met het Christendom. Ofwel zal de Vrijmetselarij zegevieren, ofwel zal het Christendom haar vernietigen. De moord op Christus was de meest illegale daad ooit gepleegd in het universum, maar de Vrijmetselarij juicht het toe. Een van haar grote figuren, Proudhon, zei:

> God is lafheid, waanzin, tirannie, het kwaad. Voor mij dan, Lucifer, Satan!

Het communisme is een vrijmetselaarscomplot om het koninkrijk van Lucifer te bevorderen, in weerwil van Gods plan voor Zijn volk op aarde. Als we ons deze dingen realiseren, zullen veel stukjes van de puzzel in elkaar beginnen te passen.

Het soort onderwijs dat wij op onze scholen en universiteiten krijgen, zal ons niet in staat stellen deze kwaden te bestrijden, omdat de kennis van deze dingen opzettelijk voor ons verborgen wordt gehouden door onze onderwijsbeheerders.

U zult op onze universiteiten niets vinden over het feit dat de Federal Reserve Bank een illegale en particuliere entiteit is. Evenmin zult u iets vinden over de geheime regering van de Verenigde Staten, het Comité van 300 en zijn Raad voor Buitenlandse Betrekkingen, die deze grote natie verraadt en uitlevert in de handen van een éénwereldregering - de Nieuwe Wereldorde. Het is een vrijmetselaarsplan, onderdeel van hun universele inspanning om het christendom volledig te vernietigen en van de aardbodem te vegen.

Het is de ultieme daad van anarchie. Vergeet niet dat Christus kwam om ons te bevrijden van de Babylonische wet, waarop de Vrijmetselarij is gebaseerd. Christus zei dat Satan een bandiet is, omdat hij illegaal naar de aarde kwam, dat wil zeggen zonder lichaam. Daarom moest Christus geboren worden uit een vrouw, om legaal op aarde te zijn.

Alleen zij die een lichaam hebben zijn legaal op aarde. Satan kwam deze wereld binnen via de achterdeur. (Christus zei in de gelijkenissen dat hij over de muur klom.) Door Satan, die de Vrijmetselaars aanbidden, zijn de Verenigde Staten in een wanhopige situatie terechtgekomen. Misschien bent u een vrijmetselaar van de lagere graden, en zegt u: "Ik ben al jaren vrijmetselaar, en zoiets gebeurt nooit in onze loge."

Tegen u en anderen zoals u, wil ik zeggen: "U bent bedrogen". De overgrote meerderheid van de vrijmetselaars zijn nooit geïnformeerd over wat er gebeurt in de 33 graad.

Zoals Eckert zei:

> Ik heb gezegd en ik herhaal dat veel vrijmetselaars, zelfs in de vrijmetselaarsgraden, de verborgen betekenis niet vermoeden van de symbolen die zij gebruiken voor wat in de hoogste graden wordt onderwezen en beoefend.

Een andere vrijmetselaarsautoriteit, Dom Benoit, zei:

> De gereformeerde ritus van het Palladium heeft als fundamentele praktijk en doelstelling de verering van Lucifer, en staat bol van de verdorvenheid en alle schanddaden van de zwarte magie.

> Nadat het zich in de Verenigde Staten heeft gevestigd, is het Europa binnengevallen en maakt het elk jaar een angstaanjagende vooruitgang. Haar hele ceremonieel is, zoals u zich kunt voorstellen, gevuld met godslasteringen tegen God en onze Heer Jezus Christus.

Moeten we nog meer zeggen?

HOOFDSTUK 9

EERDER VERWAARLOOSDE FEITEN

Het enige waar we niet omheen kunnen is dat de vrijmetselarij een subversieve beweging is. Vrijmetselarij betekent veel dingen voor veel mensen, maar de rode draad door de geschiedenis van de vrijmetselarij is haar constante kenmerk van geheimhouding voor haar eigen veiligheid. Alle geheime genootschappen zijn subversief, sommige zijn ook occult en politiek, maar deze feiten blijven verborgen voor het grootste deel van de vrijmetselaars, die zelden verder gaan dan de vierde graad.

De vrijmetselarij is een organisatie die van geheimhouding houdt, en een hekel heeft aan degenen die het inherente kwaad ervan willen ontmaskeren. Het heeft een fetisj voor geheimhouding. De vrijmetselarij moet worden ontmaskerd. Een open dag zou suïcidaal zijn voor de beweging. Het doel van dit boek is enig licht te werpen op de Vrijmetselarij, die zo verweven is met de Jezuïeten en de Zwarte Adel, dat het onmogelijk is de Vrijmetselarij afzonderlijk te bespreken, zonder enige verwijzing naar haar medesamenzweerders.

Dit zal duidelijk worden naarmate ik mijn boek voortzet. Het zogenaamde vrijmetselaarsgeloof is vrij goed beschreven door Leo Tolstoj, die, hoewel geen vrijmetselaar, een duidelijke uiteenzetting gaf, genuanceerd door een iets te grote sympathie voor de vrijmetselarij en sommige van haar principes.

Tolstoj beschrijft de "broederschap" (de hoeksteen van de vrijmetselarij, de Illuminati en het communisme) als volgt:

> Alleen door steen op steen te leggen, met de medewerking van alle miljoenen generaties, vanaf onze voorvader Adam tot heden, zal de Tempel worden opgericht, om een waardige woonplaats te zijn voor de grote God.

Hij vertelt ons niet dat de letter "G", het symbool van de vrijmetselarij, staat voor gnostiek en niet voor God. Tolstoj zegt verder:

> Het eerste en voornaamste doel van onze Orde, het fundament waarop zij rust en dat geen menselijke macht kan vernietigen, is het bewaren en doorgeven, vanaf de vroegste eeuwen, van de eerste mens zelf, van een mysterie waarvan het lot van de mensheid mag afhangen. Maar omdat dit mysterie van dien aard is dat niemand het kan kennen of gebruiken zonder er door lange en ijverige zelfzuivering op voorbereid te zijn, kan niet iedereen hopen het snel te bereiken, vandaar een secundair doel: onze leden zoveel mogelijk voor te bereiden om hun hart te hervormen, hun geest te zuiveren en te verlichten, door de middelen die ons door de traditie zijn overgeleverd.

Dit is precies het doel van de Illuminati en vele andere geheime genootschappen zoals de Rozenkruisers en de Jezuïeten. De Zwarte Adel gelooft dat zij op de een of andere manier begiftigd zijn met speciale kennis en uitverkoren zijn om "vanaf de oudheid" te regeren.

Zo kunnen we de gemeenschappelijke noemers zien tussen

de vrijmetselarij en de andere occulte geheime genootschappen waarmee de wereld nu zo zwaar besmet is. Dat de vrijmetselarij volledig een duistere leugen is, kan worden afgeleid uit de woorden van Christus, die zei

> ... dat de mensen de duisternis (geheime plaatsen) liever hebben dan het licht, omdat hun daden slecht zijn.

Het is de notie van een langdurige en fundamenteel belangrijke traditie die de vrijmetselarij haar motivatie geeft. Alle geheime orden, zelfs het Egyptische priesterschap, werden bij elkaar gehouden en kregen macht en gezag in de veronderstelling dat zij geheime dingen wisten die gewone mensen niet wisten. Weer Tolstoj:

> Het derde doel is de regeneratie van de mensheid.

Dit zijn de zeven treden van Salomo's tempel. Ik wil hier vermelden dat Salomo waarschijnlijk de grootste tovenaar was die ooit heeft geleefd. In de moderne tijd werd een jonge, in de Verenigde Staten geboren en wonende Roma-man, die zich David Copperfield noemde, beroemd als groot tovenaar. Roma-zigeuners staan al lang bekend als beoefenaars van goocheltrucs, en Copperfield bereikte grote hoogten voordat zijn carrière instortte toen hij werd gearresteerd wegens verkrachting. Omdat ik geloof, zoals ook het Oude Testament bevestigt, dat het Christendom niet op een fundament van magie rust, ben ik geneigd om de wijsheid van Salomo te negeren als zijnde van weinig invloed op de leer van Christus. Mijn persoonlijke mening is dat het christendom niet volledig afhankelijk is van het Oude Testament. Het christendom begon echt met de Christus van Galilea. Christus was niet afkomstig uit Jeruzalem, Salomo of het Davidische geslacht. Daarom moeten christenen het idee dat de vrijmetselarij is gebaseerd op het christendom, omdat er zoveel over Salomo wordt gesproken, verwerpen als propaganda.

Als we dit punt bestuderen, zullen we zowel de vrijmetselarij als het christendom beter begrijpen. Mijn eigen opvatting is dat Christus zijn bediening aanvankelijk beperkte tot Galilea, maar door zijn volgelingen werd overgehaald tot een missionaire kruistocht naar Jeruzalem. Niet lang na zijn zendingsreis naar die stad veroordeelde het Sanhedrin hem tot kruisiging. Ik geloof niet dat Salomo's goocheltrucs iets te maken hebben met het christendom, net zo min als de vrijmetselarij. Ik vraag me af hoeveel van ons zich ooit hebben afgevraagd over de nauwe banden tussen vrijmetselaars en tempels.

De zeven treden van Salomo's tempel zouden betekenen:

❖ Discretie
❖ Gehoorzaamheid
❖ Moraal
❖ De liefde voor de mensheid
❖ Moed
❖ Vrijgevigheid
❖ Liefde
❖ Overlijdens

Ik vestig nogmaals uw aandacht op de toename van begrafenisscènes in bijna alle Hollywoodfilms en televisie van de afgelopen twintig jaar. Ik wijs erop dat het de bedoeling is ons allen een zorgeloze houding ten opzichte van de dood bij te brengen, die lijnrecht ingaat tegen de leer van Christus, die zei dat de dood de laatste vijand is die moet worden verslagen. Wanneer we de dood als een louter onbeduidende zaak gaan beschouwen, dreigt de beschaving terug te vallen in barbarij.

Naarmate we eraan gewend raken de dood terloops te aanvaarden, zal onze gevoeligheid (hopelijk) worden afgestompt - de normale bewuste afschuw van massaslachtingen zal uiteindelijk plaatsmaken voor een gevoel van onverschilligheid. Ik zeg u dat we allemaal voortdurend worden gehersenspoeld. Denk hieraan als u de volgende keer een film ziet met een bijna verplichte grafscène. De bedoeling is een gebrek aan respect op te wekken voor de individualiteit van ieder van ons. We zijn geen massa mensen, we zijn individuen.

Een terloopse aanvaarding van de dood druist in tegen de leer van Christus en is in overeenstemming met de doctrines van de Vrijmetselaars, evenals met de doctrines van vele andere geheime genootschappen waarvan karakter en doel beslist satanisch zijn. Frank King, de auteur van een opmerkelijk boek over Cagliostro, de vrijmetselaar, die de Egyptische ritus van de vrijmetselarij zou hebben "ontdekt", stelt dat de inwijdingsceremonie die Cagliostro onderging "sterk leek op die welke tegenwoordig in vrijmetselaarsloges plaatsvindt". Ze omvat verschillende onschuldige maar onwaardige scènes, die bedoeld waren om indruk te maken op de kandidaat.

De ingewijde wordt aan het plafond gehesen en achtergelaten om te hangen, als teken van zijn machteloosheid zonder goddelijke hulp. Hij werd gestoken met een dolk, waarvan het lemmet in het handvat zakte om het lot te onderstrepen dat hem wachtte als hij ooit de geheimen van de Orde zou verraden. Hij moest knielen, ontdaan van zijn kleren, om zijn onderwerping te tonen aan de Meester van de Loge. Cagliostro, een groot magiër, stuitte tijdens een bezoek aan Londen op een boek over de

Egyptische Rite. Het boek was van George Gaston. Cagliostro was er zo van onder de indruk dat hij het begon te promoten. Hij noemde het "De Egyptische Rite van de Vrijmetselarij" en claimde het als zijn eigen Rite. Cagliostro beweerde dat de Egyptische Rite plechtiger en ouder was dan de reguliere vrijmetselarij. Hij presenteerde zijn "ontdekking" als een "Hogere Orde van de Vrijmetselarij", alleen toegankelijk voor Vrijmetselaars vanaf de 25ste graad. Net als de oorspronkelijke auteur, Gaston, beweerde Cagliostro dat de stichters van de Egyptische Rite Elia en Henoch waren, en dat leden van de vrijmetselaarsorde van de Egyptische Rite, net als zij, nooit zouden sterven, maar na hun dood zouden worden "getransporteerd" en telkens uit de as zouden herrijzen om twaalf levens te leiden.

Het lijdt weinig twijfel dat "gezuiverde" vrijmetselaars het vooruitzicht om niet te hoeven sterven en beloond te worden met twaalf levens zeer aangenaam vonden, zodat er een aantal bekeerlingen waren tot de Nieuwe, of moet ik zeggen Oude, Orde van Cagliostro, waaronder veldmaarschalk Von der Recke en gravin Von der Recke van de Zwarte Adel, wier families teruggaan tot de Venetiaanse Zwarte Welfen. De buitengewone Cagliostro, meester-magiër en de "Solomon" van zijn tijd, werd in 1776 toegelaten tot de Hope Lodge van de Kings Head Freemasons in Londen. Na 14 maanden in Londen vertrok hij om in Rome onder de neus van zijn katholieke vijanden zijn "nieuwe" ritus te promoten en werd al snel door de paus gearresteerd. Als we niets meer over de vrijmetselarij zouden weten, zou het al duidelijk zijn dat de vrijmetselarij de directe afstammeling is van de Orphische en Pythagoreïsche sekten, en niets te maken heeft met het christendom, en nog minder met de verering van God, wat de vrijmetselarij ons, zoals gezegd, niet vertelt terwijl zij trots beweert dat de letter "G" God voorstelt. Als de vrijmetselarij op het christendom was gebaseerd, zou zij de katholieke kerk niet met zoveel woede en geweld haten.

HOOFDSTUK 10

DE KATHOLIEKE KERK: GEZWOREN VIJAND VAN DE VRIJMETSELARIJ

Vanaf de vroegste dagen van haar geschiedenis heeft de katholieke kerk de vrijmetselarij als intrinsiek slecht veroordeeld. De Protestantse Kerk daarentegen, en meer in het bijzonder haar Anglicaanse tak, heeft de vrijmetselarij niet alleen openlijk getolereerd, maar in een aantal gevallen bekleden bepaalde leden van de Anglicaanse kerkelijke hiërarchie hoge functies in de vrijmetselarij. [4]Er zijn vele gevallen waarin Anglicaanse priesters de meest geheime en belangrijke loges controleren, waaronder de Quator Coronati Lodge in Londen en de beruchte Nine Sisters Lodge in het 15e arrondissement van Parijs. De vrijmetselarij heeft minachtend verklaard dat zij niet bang is voor het protestantisme, dat zij beschouwt als het bastaardkind van het katholicisme, haar dodelijke en geduchte vijand.

De Protestantse Kerk kan zich niet effectief verzetten tegen de verspreiding van de Vrijmetselarij. De vrijmetselarij leert als een feit dat de vrijmetselarij het enige levensvatbare alternatief is voor het katholicisme, dat door

---

[4] De beroemde Nine Sisters Lodge waartoe Benjamin Franklin zou hebben behoord.

Mazzini (een vooraanstaande vrijmetselaar die zo'n beslissende rol speelde bij het tot stand brengen van de Amerikaanse Burgeroorlog) met de grootste felheid werd veroordeeld. Het is volkomen juist om te zeggen dat de Vrijmetselarij de Protestantse Kerk eenvoudigweg negeert.

Een 33 graden metselaar vertelde me:

> Wij zijn de eerste religie in de wereld van vandaag. Wij zijn ouder en wijzer dan de katholieke kerk, daarom haat die ons zo. Iedereen die zich bij ons aansluit voelt zich lid van een fundamentele religie, een geheim genootschap, de bewaker van de oudste mysteries van de krachten van het leven en het universum. Wij hebben niet het probleem dat georganiseerde religies hebben om hun volgelingen te inspireren met het diepe gevoel van doelgerichtheid dat wij onze leden bijbrengen. Kijk naar de katholieken in Afrika en Zuid-Amerika. Zou u zeggen dat zij doordrongen zijn van een diep gevoel van doelgerichtheid, van saamhorigheid?

Natuurlijk nam mijn vrijmetselaarsvriend niet de moeite mij uit te leggen dat de vrijmetselarij gebaseerd is op misleiding, en dat het werkelijke doel ervan de verering van Lucifer is. Zijn propaganda naar mij toe voortzettend (hij stelde in feite voor dat ik lid zou worden van zijn loge), zei hij:

> De ingewijde die wij aanvaarden komt te voorschijn met een gevoel van een goed geordend universum, waarin zijn eigen doelstellingen en doelen plotseling duidelijk zijn omschreven. Een traditie die teruggaat tot Adam staat achter hem. De notie van de broederschap van de mens geeft hem een nieuw gevoel deel uit te maken van het menselijk ras. Bovendien zit de wereld vol welwillende broeder-vrijmetselaars die hem niet ten onder laten gaan.

> Dit is natuurlijk een grote aantrekkingskracht die de Christelijke Kerk volledig mist. Totdat de Christelijke Kerk leert om te geven om mensen, om elkaar, in praktische, alledaagse termen, zal het Christendom blijven wegkwijnen.   ,

Het lijdt geen twijfel dat er in ons allen een sterk verlangen leeft om in onze fysieke behoeften te voorzien. Veiligheid is van het grootste belang, en mijn vrijmetselaarsvriend heeft zeker gelijk. Terwijl Billy Graham en zijn mede-"televangelisten" duidelijk heel goed voor hun eigen behoeften zorgen, wordt er op praktisch niveau helemaal niet voor de kernleden van hun bedieningen gezorgd. Er is een totaal gebrek aan broederlijke liefde en zorg voor anderen onder christenen. Niemand kan het bestaan van een dergelijk schrijnend gebrek en de ernst van het probleem ontkennen. We zouden ons hierbij kunnen laten inspireren door de Vrijmetselarij, die goed voor haar leden zorgt. Ongeacht de incestueuze relatie tussen de Vrijmetselarij, de Zwarte Adel en de Jezuïeten, is hun gemeenschappelijke wens en doel de omverwerping van de bestaande orde en de vernietiging van het christendom. Of we nu katholieken of protestanten zijn, het is onze plicht ons met alle macht te verzetten tegen hun doel. Alle grote samenzweringen zijn met elkaar verbonden en worden gevoed door krachtige ideologische motieven - in het geval van de vrijmetselarij een gemeenschappelijke haat tegen het christendom. We kunnen in hun "haatlijst" ook de haat tegen ware republikeinse idealen en natiestaten opnemen.

Wat hebben de samenzweerders gemeen, behalve het bovenstaande? Het antwoord is dat ze voor honderd procent gesteund worden door de immense rijkdom van de "oude families" en zelfs, idioot genoeg, door bepaalde royalties. In Amerika hebben zij de volledige steun van de CFR, een afstammeling van de Essex Junto, een van de samenzweerders achter de Burgeroorlog, die er bijna in slaagde de Unie te breken met de hulp van de rijkste families van Boston. De afstammelingen van de oudste en meest respectabele families van Boston zetten het werk van de Essex Junto voort, en proberen de Verenigde Staten uiteen te drijven - en zij worden gesteund door enkele van de rijkste bankdynastieën ter wereld.

Deze bende verraders had een bondgenoot in het Vaticaan, een zekere Clarissa McNair, die anti-Amerikaanse propaganda uitzond op de Vaticaanse radio. Ze werd beschermd door een aantal prominente vrijmetselaars, dus wist ze de toorn van de paus te overleven.

[5]De destabilisatie van Polen, die de weg vrijmaakte voor de geplande invasie, werd geleid door de door jezuïeten opgeleide vrijmetselaar Zbigniew Brzezinski, die Solidariteit, de nep-vakbond, "creëerde", uitsluitend om de regering van generaal Jaruzelski te destabiliseren. De paus legde uit dat hij, Lech Walesa, slechts een werktuig was in de handen van grotere krachten. Na hun ontmoeting verdween Walesa van het politieke toneel. Op een of twee uitzonderingen na zijn de meeste pausen vijanden van de vrijmetselarij en zijn ze systematisch tegen de jezuïeten. Paus Johannes Paulus II veroorzaakte consternatie in jezuïetenkringen toen hij de anti-jezuïet Paola Dezzi benoemde tot hoofd van de Orde. "Ik zal de orde herstellen", verklaarde de paus.

De bovenstaande gevallen, Polen en het verzet tegen de jezuïeten, zijn slechts twee van de vele gevallen waarin

---

[5] Solidarnosc in het Pools.

pausen betrokken zijn geweest bij gevechten met de vrijmetselarij. Zeer weinig mensen weten iets over de diplomatieke inspanningen van paus Johannes Paulus II - zoals zijn herhaalde waarschuwingen aan Amerika om zijn blinde pro-Israël benadering van het Midden-Oosten beleid op te geven, een houding die volgens de paus zou leiden tot de Derde Wereldoorlog.

Polen is niet het enige geval van opzettelijk verraad in de westerse regering sinds de Tweede Wereldoorlog. Ik herinner me dat het een zekere Klugman was die de verraders, de Britse MI6-agenten Burgess, McLean en Philby, in dienst van de KGB stelde. Philby, een levenslange vrijmetselaar, kreeg zijn baan bij de SIS (Special Intelligence Service) via Sir Stuart Menzies, een Schotse Rite Vrijmetselaar en voormalig directeur van de SIS. Anthony Blunt, bewaarder van de Queen's Swans en extraordinaire spion, begon zijn carrière als verrader na zijn toetreding tot de Vrijmetselaars.

Gedurende zijn hele carrière werd Blunt beschermd door mannen hoog in de SIS, collega vrijmetselaars die, net als hij, toegewijd waren aan de zaak van de vrijmetselarij. De SIS zit vol met KGB-vrijmetselaars. Een ander schandalig feit is dat Scotland Yard van boven tot onder wordt geleid door Schotse Rite Vrijmetselaars. De vrijmetselarij gebruikt subtiele controlemethoden. In haar vroege geschiedenis was dit niet altijd het geval. Ze was meer geneigd om pure kracht te gebruiken om haar doelen te bereiken dan tegenwoordig. Een echt opmerkelijk voorbeeld van waar ik het over heb is Cagliostro, die ik eerder noemde. Cagliostro werd beschuldigd van diefstal toen een Siciliaanse markies, een 33 graden vrijmetselaar, het proces onderbrak door op de aanklager te springen en hem op de grond te slaan. De aanklacht tegen Cagliostro werd snel ingetrokken. Dit verslag werd bevestigd door de vrijmetselaarsautoriteit W.R.H. Towbridge en door Goethe. Tegenwoordig gebruiken de Jezuïeten van de Zwarte Adel-Metselaars geen direct geweld, behalve om dwalende leden een waarschuwende les te geven, zoals we zien bij de rituele ophanging van Roberto Calvi en de dood van Grace Kelly. Calvi was de directeur van de Banco Ambrosiano, schuldig aan het verlies van enkele miljoenen aan vrijmetselaarsgeld. Hij vluchtte naar Engeland om de bescherming van zijn vrienden te zoeken, maar kwam in een fatale val terecht. Hij werd opgehangen door de Vrijmetselaars volgens hun ritueel. Als de gelegenheid zich voordeed, schuwden de vrijmetselaars geen geweld. De bloedige eden die bij elke graad worden afgelegd zijn wreed en weerzinwekkend.

Auteur John Robinson zegt in zijn boek *Born in Blood*:

> ... Je tong laten uitrukken, je hart uit je borst laten rukken, je lichaam in tweeën laten snijden met je ingewanden tot as gereduceerd lijkt letterlijk een overkill en is in strijd met de wet van elk land waar vrijmetselaars actief zijn, evenals met alle religies die vrijmetselaars in broederschap verwelkomen.

John Quincy Adams, de zesde president van de Verenigde Staten, was bijzonder fel gekant tegen de vrijmetselarij.

Zoals Robinson in zijn boek zegt:

> Adams liet geen gelegenheid voorbijgaan om de vrijmetselarij te veroordelen. Hij riep alle vrijmetselaars op de orde te verlaten en te helpen haar voor eens en altijd af te schaffen, omdat zij totaal onverenigbaar was met een christelijke democratie. Hij schreef zoveel brieven tegen de vrijmetselarij dat er een boek mee gevuld zou kunnen worden. In een brief aan zijn vriend Edward Ingersoll van

22 september 1831 vatte de ex-president zijn houding tegenover de vrijmetselaarseed en de invloed ervan op de broederschap samen.

Historici en geleerden van de Vrijmetselarij en de Amerikaanse Grondwet zijn het er niet over eens dat de beweringen dat de Vrijmetselarij wortel had geschoten onder de Founding Fathers stevig verankerd bleven in de jonge Republiek. Het uiteindelijke ontwerp van de Grondwet werd geschreven door vele briljante geesten, maar er is aangetoond dat de Vrijmetselaars verantwoordelijk waren voor het grootste deel ervan.

Thomas Jefferson, wiens proza het grootste deel van het document vormt, was sterk gekant tegen de vrijmetselarij. De andere hoofdauteurs waren George Washington, Benjamin Franklin en John Adams. Hoewel geen vrijmetselaar, zou Adams het eens zijn geweest met Washington en Franklin. Jefferson blijft de indringer. Maar zoals het deed met Cagliostro, zorgt de Vrijmetselarij altijd voor zichzelf.

De "wonderbaarlijke ontsnapping" uit een zwaar beveiligde Zwitserse gevangenis door de Italiaanse vrijmetselaar P2 Lucio Gelli getuigt hiervan, evenals van de buitengewone macht van de vrijmetselaars. Gelli woont in Spanje, zonder last te hebben van de Zwitserse politie of Interpol, het overblijfsel van Reinhart Heydrich. Het vreemde aan Gelli is dat hij tijdens de Tweede Wereldoorlog nauw samenwerkte met Mussolini, hoewel deze laatste tegen de vrijmetselarij was.

Misschien komt dit omdat Gelli zich op 17-jarige leeftijd vrijwillig aanmeldde bij een door Mussolini opgericht expeditiekorps dat werd uitgezonden om in Spanje tegen de communisten te vechten.

Later werd hij lid van de CIA. In maart 1981 deed de politie een inval in de woning van Gelli en ontdekte talrijke documenten waaruit bleek dat hij had samengewerkt met Roberto Calvi van de zogenaamde "Vaticaanse Bank", met andere woorden met de maffia. Kardinaal Casaroli beweerde later dat de Vaticaanse Bank van miljoenen dollars was beroofd.

HOOFDSTUK 11

INTERPOL'S VRIJMETSELAARS CONNECTIES

Ik vroeg me af waarom westerse landen Interpol, een voormalig nazi-apparaat, gebruikten, terwijl ze Duitsland veroordeelden omdat het zich in de Tweede Wereldoorlog verdedigde, totdat ik ontdekte dat Interpol een spionagenetwerk van de vrijmetselaars, de jezuïeten en de zwarte adel is. David Rockefeller maakt uitgebreid gebruik van Interpol, dat hij in de naoorlogse jaren letterlijk van Duitsland heeft gekocht, om Amerikaanse rechtse groeperingen die een bedreiging zouden kunnen vormen voor de Council on Foreign Relations (CFR) in de gaten te houden.

De geschiedenis die ik heb bestudeerd, en die niet te vinden is in de gebruikelijke geschiedenisboeken, onthult dat de Schotse Rite altijd aan het hoofd heeft gestaan, en nog steeds staat, van veel van de geheime genootschappen die de wereld teisteren. De Schotse Rite der Vrijmetselarij begon als de cultus van de Mobeds, soms de Wijzen genoemd. Simon de Magiër was een lid van de Mobeds. Het was Simon Magus die de Gnostische cultus tot een anti-christelijke kracht verhief, die hij naar Rome bracht om de activiteiten van Petrus en Philo van Alexandrië tegen te gaan.

Uit de gnostiek ontstond de haat tegen het christendom, de

natie, de staat en de republikeinse idealen, die uiteindelijk werd gedistilleerd in het corpus van de leer van alle geheime genootschappen die wij kennen als de vrijmetselarij. De kern van de Vrijmetselarij is de Schotse Rite, waarin Lucifer wordt geëerd en aanbeden in de hogere graden. De Britse aristocratie legde het op aan Amerika, met rampzalige gevolgen voor de jonge Republiek. Groot-Brittannië wordt geregeerd door de onrechtvaardige Schotse Rite, erfgenaam van de Pre-Raphaëlitische Broederschap van Occultist-Templar cults en John Ruskin's Isis en Osiris. De Rozenkruisers werden opgericht door de Jezuïeten Robert Fludd en Thomas Hobbes, secretaris van de geheime dienst Bacon, en legden de grondbeginselen van de Schotse Rite vast.

De oprichting van de Schotse Rite der Vrijmetselarij stond onder toezicht van Sir William Petty, grootvader van de beroemde graaf van Shelburne, orkestrator van de bloedige revolutie onder leiding van de Zwitserse oligarchie en gecontroleerd door Londen, die wij kennen als de Franse Revolutie. De Jezuïet plaatste Robert Bruce op de Schotse troon en benoemde hem tot hoofd van de Schotse Rite. De Cecils, die sinds de tijd van koningin Elizabeth I de heersers van Engeland domineren, maken deel uit van de samenzwering. De Cecils zijn rechtstreeks verwant aan het Venetiaanse huis van de Zwarte Adel van Guelph. Voor volledige details over de Cecils kunt u een exemplaar verkrijgen van mijn monografie *King Makers, King Breakers: The Cecils.*

De geheime geschiedenis van het republikeinse Amerika staat vol met de namen van beruchte verraders die lid waren van de Schotse Rite en tegen de jonge Republiek waren. Albert Gallatin, een Zwitserse spion van de zwarte adel, Albert Pike, een ontaarde en losbandige Amerikaan, en

Anthony Merry, de nieuwe Britse ambassadeur die in 1804 naar de Verenigde Staten werd gestuurd door de Schotse Ritevrijmetselaar, premier William Pitt van Engeland, spanden samen met Timothy Pickering, senator James Hillhouse en William Plummer om New Hampshire zich te laten afscheiden van de Unie. Merry deed zich voor als een onervaren diplomaat, maar was in feite een hooggeplaatste vrijmetselaarsagent, die ook betrokken was bij soortgelijke afscheidingscomplotten in New Jersey, Pennsylvania en New York.

William Eustas was de kandidaat die door de Schotse Rite werd voorgedragen om John Quincy Adams' zetel in het Congres te verslaan. De Vrijmetselaars maakten geen geheim van hun medeplichtigheid aan Eustas' overwinning op Adams. Jaren eerder had een andere vrijmetselaar, Grenville, de Stamp Act doorgedrukt.

Het Britse parlement, gecontroleerd door de vrijmetselaars, activeerde het Statuut van Hendrik VIII, dat de Britten toestond om iedereen uit de Amerikaanse kolonie die vastbesloten was om het jonge land van het juk van koning George III te bevrijden, naar Engeland te brengen, zelfs als het betekende dat daarvoor een oorlog moest worden gevoerd.

De moederloge van de Schotse Rite, gevestigd in Charleston, South Carolina, door de gehate oligarchie van de vijanden van de jonge Republiek, had als een van haar belangrijkste boodschappers een zekere Moses Hayes, een Tory zakenman, die tussen alle staten reisde en instructies en boodschappen van de Schotse Rite vervoerde. Hayes weigerde de eed van trouw af te leggen toen de oorlog uitbrak. De machtige First National Bank of Boston werd opgericht door Hayes, Arthur Hayes Sulzberger en John

Lowell als de Bank of Massachusetts. De Sulzbergers gingen de *New York Times* leiden als nominale, maar niet echte eigenaars. De lange en verachtelijke staat van dienst van de *New York Times* op het gebied van anti-Amerikanisme is te bekend om hier verder op in te gaan.

Het actieve en ernstige verraad van de Schotse Rite begon serieus in Amerika met een octrooi dat werd verleend aan Augustin Prévost, een lid van de Zwarte Zwitserse adel die een vijand van de Republiek was en de vrijmetselaarstitel "Prins van het Koninklijk Geheim" droeg. Gedurende onze hele geschiedenis hebben de zwarte Zwitserse en Venetiaanse adel ons voor de gek gehouden en alles gedaan om de jonge natie, die zij als een bedreiging zagen voor de oude Europese orde, te ondermijnen en te vernietigen. De Lombardische familie, beschadigd en bijna geruïneerd in de 14 eeuw, werd weer op de been geholpen door "welwillende Vrijmetselaars", in het bijzonder de Vrijmetselaar van de Zwarte Adel, Graaf Viterbos van Venetië.

De families Viterbo en Lombard deden de macht en het prestige van Venetië herleven, en de Lombardische bankdynastie bleef honderden jaren strijden tegen Republikeins Amerika. De Viterbo's bliezen Venetië nieuw leven in door de verovering van het Ottomaanse Rijk, dat vervolgens tussen hen en hun familievrienden werd verdeeld. De familie Lonedon van de zwarte Venetiaanse adel organiseerde de "bekering" van Ignatius Loyola, die plotseling tot inkeer kwam en de jezuïetenorde stichtte. De Jezuïeten waren en zijn een inlichtingenorganisatie van de vrijmetselarij, de zwarte adel, de Pallavicini, Contarini, Luccatto families en het liberale establishment van de Amerikaanse oostkust. Het waren de Jezuïeten die de pastorale brief van de katholieke bisschop schreven waarin onze nucleaire afschrikking werd veroordeeld als onderdeel van de 300-jarige oorlog van de vrijmetselarij tegen de katholieke kerk en de Verenigde Staten.

Een van de belangrijkste strijders van de vrijmetselarij was Vernon Walters, de onruststoker van president Reagan en ambassadeur bij de VN. Walters was een prominent lid van de Italiaanse P2 Vrijmetselaarsloge. Ik vraag me af of president Reagan Walters ooit heeft ondervraagd over zijn rol namens P2 in de Naxalietenbeweging (1960 - 1970). Niet minder intrigerend dan Walters was William Sullivan, die een rol speelde bij de omverwerping van president Marcos van de Filippijnen. Het was Sullivan die er bij het Congres op aandrong geen achterstallige betalingen te doen aan de Filippijnse regering voor de huur van de vliegvelden Clark en Subic Bay.

Ik merk op dat Sullivan het Congres niet heeft gevraagd de betalingen aan Cuba voor de marinebasis Guantanamo op te schorten, noch heeft hij geprotesteerd tegen de drugsstroom uit Cuba. Sullivan had het niet over het grootste terroristische trainingskamp op het westelijk halfrond in Cuba, een faciliteit die de trainingskampen in Libië en Syrië in de schaduw stelt.

Zowel Walters als Sullivan stonden onder controle van de ultrageheime vrijmetselaarsorde, de "Orde van Sion", die cruciale beslissingen neemt namens de leden van de Hoge Raad van de Schotse Rite die binnen diverse regeringen opereren. Gedurende onze hele geheime geschiedenis heeft de kwade kracht van de vrijmetselaars jezuïeten ons besluitvormingsapparaat gedomineerd, en dit is vandaag de dag zeker net zo waar als tijdens de Amerikaanse Revolutie en de Burgeroorlog.

Reagan was volledig in de ban van de vrijmetselarij, en handelde op bevel van de CFR. Er zijn een aantal zeer belangrijke boeken over de Schotse Rite:

Bovenaan mijn lijst staan *The History of the Supreme Council of the Members of the 33 Degree, Masonic Jurisdiction of the Northern United States* and its antecedents, door Samuel Harrison Baynard; *History of the Supreme Council, Southern Jurisdiction, 1801-1861* en *Eleven Gentlemen from Charleston: Founders of the Supreme Council, mother Council of the World,* beide geschreven door Ray Baker, en op eigen kosten uitgegeven door de Supreme Council of the 33 Degree of the Ancient and Accepted Scottish Rite.

Baker was de erkende historicus van de Schotse Rite in Amerika, en volgens hem werd de Schotse Rite opgericht door Joodse kooplieden en Joodse religieuze leiders, die het patent in 1760 uit Frankrijk meebrachten, waarna het werd toegepast in Charleston en Philadelphia. Maar volgens andere historici mogen Joden geen lid worden van de Schotse Rite. Ik vind dit moeilijk te geloven, en zie het als een rookgordijn rond de vraag wie eigenlijk de Schotse Rite in de Verenigde Staten heeft gesticht. Koning Salomo figureert prominent in de vrijmetselaarsrituelen, en ik weet dat hij een Jood was en een van hun grote tovenaars. We weten ook dat veel vrijmetselaarsrituelen gebaseerd zijn op de Joodse magische riten van Solomon.

HOOFDSTUK 12

DE HISTORICUS JOSEPHUS OVER METSELWERK

De beroemde historicus Josephus beweert dat een boek met spreuken en bezweringen die in de vrijmetselaarsriten worden gebruikt, is geschreven door koning Salomo. Het boek *De Sleutel van Salomo*, dat volgens Josephus door Salomo is geschreven, wordt ook veel gebruikt in de vrijmetselarij. Wat ook het verband is tussen de Schotse Rite en het Jodendom, we weten dat sommige leden van de Britse oligarchie deze hebben overgenomen.

Een van de belangrijkste spelers in de vrijmetselarij in de Verenigde Staten was de reeds genoemde Augustin Prevost, wiens soldaten South Carolina plunderden tijdens de Amerikaanse Onafhankelijkheidsoorlog. Prevost was grootmeester van de Loge van Perfectie, opgericht door Francken, een van de joodse koopmansgroepen die ik eerder noemde.

Het was Francken die het patent van de Schotse Rite doorgaf aan Augustine Prévost, die vervolgens een collega-officier van het Britse leger opdracht gaf een loge op te richten in Charleston. Een familielid van Augustine Prévost, kolonel Marcus Prévost, was verantwoordelijk voor het werven van "Crown Loyalists" om tegen de kolonisten te vechten.

Onder de "loyalisten" bevonden zich de achtergronden van veel leden van het liberale establishment aan de oostkust, waaronder die van de verrader McGeorge Bundy, een van de meest actieve aanhangers van de Europese oligarchie en royalty die we vandaag de dag op het politieke toneel hebben, een man wiens loyaliteit aan de Verenigde Staten zeer twijfelachtig is. De Zwitserse Prévosts zijn misschien niet zo bekend omdat onze geschiedenisboeken niet veel over hen vertellen.

Een andere Prévost, Sir George Prévost, was nauw verbonden met Albert Gallatin, de Zwitsers-Metselaars spion die erop uit was Amerika van binnenuit te vernietigen. Sir George voerde het bevel over een Britse invasiemacht die Washington plunderde en het Witte Huis in brand stak in 1812. Ongetwijfeld worden de blauwbloedjes van Boston niet graag herinnerd aan Britse wandaden, die de "speciale relatie" zouden kunnen bederven als te veel Amerikanen er kennis van nemen.

De Moederloge van de Wereld in Charleston breidde het octrooi van de Schotse Rite uit tot Frankrijk in 1804, Italië in 1805, Spanje in 1809 en België in 1817. Een van de "Elf Heren van Charleston" was Frederick Dalcho, die een positie bekleedde in de Episcopale Kerk in die stad en de leider was van de "Engelse Partij" in South Carolina. Sinds Dalcho's tijd is er niet veel veranderd: de Amerikaanse tak van de Church of England zit vol met Schotse Rite Vrijmetselaars.

Eerder noemde ik de bewering dat Joden niet worden toegelaten tot de Schotse Rite. Een opmerkelijk Joods lid van de Schotse Rite was John Jacob Astor, die zijn carrière als vrijmetselaar begon in New York, als penningmeester van de Grand Lodge van New York. Het was Astor die de verrader Aaron Burr, een 33 graden Vrijmetselaar gaf, $42,000. Met dit geld kon Burr na de moord op Alexander Hamilton ontsnappen met de hulp van een hooggeplaatste Joodse vrijmetselaar, John Slidell uit New York.

Slidell vestigde zich in Charleston en New Orleans, waar hij de manieren van een Zuidelijke gentleman aannam. Hij was nauw verbonden met Aaron Burr. De twee mannen smeedden een complot om Louisiana over te nemen met de hulp van enkele jezuïeten in New Orleans, maar het complot mislukte toen het werd ontdekt door patriotten die trouw waren aan de Verenigde Staten. Ten tijde van zijn verraderlijke poging om de Unie uiteen te rijten, bekleedde Slidell een belangrijke positie in de regering. Hij werd gesteund door een hele groep medemetselaars. In zijn tijd waren er honderden vrijmetselaars in de Amerikaanse regering. Het is twijfelachtig of Vernon Walters en George Shallots hun vrijmetselaarseed verenigbaar zouden vinden met de eed van trouw aan de Verenigde Staten. Zoals Christus zei: "Niemand kan twee meesters dienen."

Voor degenen onder u die in yoga geloven, is het interessant op te merken dat de Vrijmetselarij het promoot als een methode om de gedachtestroom te vertragen en te stoppen. De vrijmetselarij wil niet dat mensen nadenken. Deze informatie werd aan Satanist Alastair Crowley gegeven door zijn protegé Alan Benoit, die het kreeg van de beroemde Vrijmetselaar historicus Eckenstein.

Vrijmetselaarsrituelen onder de vierde graad putten vrijelijk uit de leer van yoga, maar binnen de Hoge Raad der Vrijmetselarij wordt yoga op geen enkele wijze onderwezen of gevolgd. De Hoge Raad heeft enkele geheimen die van groot belang zijn voor de normale wereld. Wij weten dat Mazzini en Pike communiceerden via draadloze telegraaf, lang voordat Marconi deze "uitvond". Een ander verrassend geheim van de gekozen leden van de Hoge Raad is hoe je zilver maakt en in goud verandert.

Deze formule werd getoond aan Lord Palmerston (vader van de Engelse premier) en aan Lord Onslow, een 33 graden vrijmetselaar, door een Engelsman genaamd Price. Price beweerde de geheime formule te hebben ontvangen "van de geesten". Hij bewees zijn bewering door kwik met een wit poeder boven een sterke vlam te smelten.

Het mengsel werd door deskundigen getest en bleek zuiver zilver te zijn. Het zilver werd vervolgens boven een vlam gesmolten en er werd een roodachtig poeder aan toegevoegd. Verschillende baren werden gegoten. Zilver- en gouddeskundigen, die steeds aanwezig waren, onderzochten het nieuwe product nauwkeurig en verklaarden, na het ter plaatse te hebben getest, dat het inderdaad zuiver goud was. Het geheim blijft diep verborgen door het gekozen lid van de Hoge Raad van de Schotse Rite. Over Price wordt gezegd dat hij "zelfmoord pleegde door cyanide te drinken".

Was het echt zelfmoord of vergiftiging? Maakte Price een fatale fout bij het bewijzen van zijn claims aan Lord Palmerston, zoals zeer waarschijnlijk lijkt? Price's dood zou geen verrassing moeten zijn, want volgelingen van de vrijmetselarij zijn altijd eerder vernietigers dan scheppers geweest.

De Amerikaanse staalindustrie getuigt daarvan. Graaf Guido Colonna is geen begrip in Amerika. Weinig van de honderdduizenden werkloze staalarbeiders zullen van hem gehoord hebben. Deze Colonna is een vrijmetselaar van de zwarte adel, die samenzwoer met een lid van de Franse zwarte adel, graaf Davignon, om de Amerikaanse staalindustrie te vernietigen. Het succes van deze samenzwering is af te lezen aan de roestende, stille staalfabrieken in de noordelijke staten. Wie gaf het bevel voor het sloopplan?

Het antwoord is de Guelphs, beter bekend als het Huis van Windsor. De Guelphs zijn de hoeksteen van de oligarchie over de hele wereld.

Als we de vernietiging van onze industrieën serieus willen stoppen, moeten we bovenaan beginnen met de Guelphs, met name de Engelse Guelphs, die opereren via de Schotse Rite der Vrijmetselarij. Het unieke belang van deze oude familie wordt totaal over het hoofd gezien in studies over "wat er mis is met de Amerikaanse economie".

De Windsors heersen over Groot-Brittannië en Canada, die niets meer zijn dan hun persoonlijke leengoederen. De kracht van de Windsors ligt in hun controle over de grondstoffen van de wereld en hun indrukwekkende vermogen om landen van die grondstoffen te beroven. Een beetje onderzoek onthult dat ze dit in Canada doen met hout, olie en bont.

In Zuid-Afrika gaat het om goud en diamanten via dievenbedrijf Oppenheimer Anglo American; in Zimbabwe (het vroegere Rhodesië) om chroomerts (het zuiverste ter wereld) via Lonrho, een bedrijf dat eigendom is van een neef van Elizabeth, de koningin van Engeland; en in Bolivia om tin, via Rio Tinto. (Zie *Het Comité van 300* voor meer details).

Het maakt de Windsors (Guelphs) niet uit wie de politieke macht in een land heeft. Met uitzondering van Rusland, zijn alle ambtsdragers hetzelfde voor hen. Ze hebben nog steeds controle over de natuurlijke hulpbronnen van de meeste landen. Prins Philip leidt de activiteiten van verschillende "milieu" groepen, die nauwelijks verhulde vehikels zijn om "buitenlanders" weg te houden van de grondstofreserves van de Windsor. Deze "natuurbeschermer", voorzitter van het Wereld Natuur Fonds, deinst er niet voor terug om in een weekend 1000 fazanten af te schieten!

Dankzij de Hambros Group lopen de inkomsten van Windsor in de miljarden dollars. De Hambros Group handhaaft zijn positie via een netwerk van Mason effectenmakelaars. Andere bedrijven geleid door de Masons zijn: Shearson, Amex, Bear Stearns en Goldman Sachs, allemaal onder de paraplu van de Hambros Group, die uiteindelijk gecontroleerd wordt door de Windsor Guelphs van zwarte Venetiaanse adel.

De Welfen zijn al honderden jaren verbonden met de vrijmetselarij. Hun banden met Engeland begonnen met de Venetiaanse Corso Donati dynastie in 1293.

HOOFDSTUK 13

DE AMERIKAANSE BURGEROORLOG WAS HET WERK VAN DE VRIJMETSELARIJ...

Van begin tot eind was de verschrikkelijke Amerikaanse Burgeroorlog het werk van de Vrijmetselarij. Het verslag van de Vrijmetselaars verschijnt niet in onze geschiedenisboeken, om voor de hand liggende redenen. De Anglofiele families die zich niet aansloten bij de kolonisten in de oorlog tegen Brittannië vestigden zich in Nova Scotia, waar zij de Britten hielpen tijdens de Amerikaanse Revolutie. Later keerden zij terug naar de Verenigde Staten en zetten de traditie voort van het helpen van de Britse vrijmetselaarsamenzwering tegen Republikeins Amerika, die culmineerde in de Burgeroorlog.

In deze wrede ramp verloor Amerika 500.000 man, meer dan onze verliezen in de twee wereldoorlogen samen. De Burgeroorlog was een Brits-Europees oligarchisch vrijmetselaarscomplot om het land te verdelen in oorlogvoerende staten en dan terug te nemen wat ze in de Amerikaanse Revolutie hadden verloren. Ze werden daarbij gesteund door een groot aantal "Amerikaanse" verraders. De snode liberale gevestigde orde had kunnen slagen en de Verenigde Staten zouden nu niet bestaan zonder het opmerkelijke werk van de Amerikaanse patriotten Clay en Carey.

We moeten deze les uit de geschiedenis leren, ook al komt ze niet voor in het werk van de historicus Charles Beard. De vrijmetselarij gaf nooit op na het verliezen van de oorlog tegen de kolonisten. Het kwam tot een hoogtepunt in 1812, na een lange periode waarin de Britse marine Amerikaanse schepen in beslag nam en duizenden Amerikaanse zeelieden gevangen zette. De Kissingers van toen zeiden dat Amerika er niets aan kon doen, en ze hadden gelijk. De aartsvijand van de Zwitserse Vrijmetselarij, Albeit Gallatin, had in ons defensiebudget gesneden, waardoor we geen echte marine meer hadden. Gewapend met twee nederlagen door de jonge Republiek in minder dan 150 jaar, keerden de Britten zich opnieuw tegen de Verenigde Staten door hun Derwent straalmotoren met centrifugale stroming te verkopen aan de USSR voor installatie in de MIG 15 gevechtsvliegtuigen, die werden gebruikt om Amerikaanse troepen in Korea te bombarderen en te bestoken. Zonder de Derwent-motor zou het de Sovjets minstens vijftien jaar hebben gekost om een straaljager te bouwen.

Net zoals er tegenwoordig mensen onder ons zijn die de "speciale relatie" tussen de Verenigde Staten en Groot-Brittannië diep wantrouwen, na gezien te hebben wat die ons land heeft aangedaan, zo waren er in de tijd van de Essex Junto patriotten die de complotten en regelingen van de Britse vrijmetselarij doorzagen. Zij probeerden het verraad van Caleb Cushing en John Slidell te ontmaskeren.

Zij waarschuwden tegen het "vrijhandels"-economisch beleid van die tijd, hetzelfde beleid dat we Milton Friedman lieten verkopen aan Reagans "conservatieve" regering.

Vrijhandel is een complot van de Britse Vrijmetselaars om onze economie te vernietigen. Het wordt tijd om het gordijn terug te trekken van de geschiedenis van de zwarte

Venetiaanse gentry verraders verbonden met de Schotse Riten, zoals de piraten Sam en George Cabot en de Pickerings, die hun fortuin maakten van de dubbele ellende van de opium- en slavenhandel.

McGeorge Bundy's voorouders waren slavenhandelaars. Het was vrijmetselaar John Jacob Astor die de Pickerings in staat stelde om in de enorm lucratieve opiumhandel in China te stappen. De waarheid moet worden verteld over het hele addergebroed binnen de Britse Oost-Indische Compagnie, Loring, Adam Smith en David Hume. Het was Loring die de rantsoenen stal van Amerikanen die door de Britten gevangen waren genomen tijdens de Amerikaanse Revolutie, die hij vervolgens met enorme winst verkocht aan het Britse leger, waarbij hij Amerikaanse gevangenen liet verhongeren op verschrikkelijke gevangenisschepen.

Toen ik *The Olive Branch* van Mathew Carey voor het eerst las, kon ik niet geloven wat ik las. Maar in de loop der jaren heb ik ontdekt dat alles wat Carey zei waar was.

Een ander boek dat ik aanbeveel is *The Famous Families of Massachusetts*. Tot deze beroemde families behoren afstammelingen van de Lorings, de Pickerings en de Cabots, afstammelingen van het vrijmetselaarsnetwerk dat oorspronkelijk in dit land werd opgezet door de Franse oligarch Cabot en de Zwitserse Prévost.

Het Anglofiel Liberaal establishment aan de Oostkust ligt aan de basis van dit soort dingen. Ik zou kunnen doorgaan met familienamen en hun geschiedenis, die allemaal in de doofpot zijn gestopt. Hun loyaliteit ligt bij de Europese en Britse koninklijke families en oligarchieën via de Schotse Rite der Vrijmetselarij. Misschien slagen zij erin hun geschiedenis te ontkennen, maar dat verandert niets aan het feit dat hun nauwe banden met de centra van de vrijmetselaarsintriges bewezen zijn.

Vandaag staan ze in indirect contact met de loge van de Zeven Zusters in Parijs. Deze loge leidt een enorme drugssmokkeloperatie die reikt tot in het hart van de "gekroonde hoofden van Europa". Zij geloven, net als Robert Holzbach, het hoofd van de Schotse Rite van de Union des Banques Suisses, dat "soevereiniteit geen substituut is voor solvabiliteit".

Met andere woorden, de macht van het geld overstijgt alle overwegingen. Holzbach is typerend voor de geldmacht die de oude wereld tegen de jonge republiek van de Verenigde Staten opzette. Holzbach werkte nauw samen met de Italiaanse vrijmetselaarsloge P2, opgericht om te werken aan de terugkeer van het Huis Savoye op de Italiaanse troon. Dankzij het Schotse netwerk van de Rite-P2 is ieders privéleven niet beschermd. De Amerikaanse regering heeft haar eigen connecties in deze kringen. Uw genummerde rekening bij een Zwitserse bank kan al bekend zijn bij de Amerikaanse regering of een andere belanghebbende. Dit is algemeen bekend, daarom benaderen mensen die geld te verbergen hebben geen banken in Zwitserland meer.

Voor degenen onder u die behoren tot de Episcopale Kerk in Amerika, u moet weten dat uw aartsbisschop, Robert Runcie, lid is van de Hoge Raad van de Schotse Rite der Vrijmetselarij. Als hij dat niet was, zou hij nooit zijn "goedgekeurd" als aartsbisschop door Elizabeth Guelph. Runcie is de persoonlijke contactpersoon voor Koningin Elizabeth en de Wereldraad van Kerken.

De aanzienlijke invloed van de Schotse Rite op onze geschiedenis en op de belangrijke beslissingen, binnenlands en buitenlands, van elke Amerikaanse regering, kan worden gemeten in termen van schade aan de belangen van het land. Net zoals zij verantwoordelijk was voor het plannen van de Burgeroorlog, plant de Schotse Rite der Vrijmetselarij de Derde Wereldoorlog. Als we geen rekening houden met de machtige krachten die de Amerikaanse zaken beheersen, ongeacht wie het Witte Huis bezet, hebben we geen hoop om de vijand te bestrijden. De enige manier om de plannen van de Schotse Rite verraders te dwarsbomen, is het ontmaskeren van hun activiteiten.

Daartoe moeten onze patriotten bewust worden gemaakt van waar de Schotse Rite, en eigenlijk de hele vrijmetselarij, voor staat, namelijk de omverwerping van de bestaande orde en de vernietiging van natiestaten, vooral die met republikeinse grondwetten, de vernietiging van het gezin en de vernietiging van het christendom. Het was voor mij heel moeilijk om deze boodschap los te koppelen van mijn boodschap over de invloed van de oligarchische en koninklijke families op onze zaken. Ik raad u aan ook een exemplaar van dit boek, *King Makers and King Breakers: The Cecils*, aan te schaffen en het te gebruiken in combinatie met dit boek over de vrijmetselarij.

HOOFDSTUK 14

SAMENZWERING: ÉÉN WERELDREGERING

B ij een zo omvangrijk onderwerp als het geheime genootschap dat gezamenlijk bekend staat als de Vrije Vrijmetselaarsorde en onder diverse andere namen, is het niet mogelijk de oorsprong van de Vrijmetselarij uitputtend te behandelen. Daarom is het doel van dit boek om materiaal te verschaffen dat u zal helpen om de economische en politieke gebeurtenissen die momenteel de wereld doen schudden beter te begrijpen, door het verband tussen deze vernietigende satanische gebeurtenissen en de vrijmetselarij te belichten. Wees alstublieft geduldig, stop hier niet en schrijf me niet om me te vertellen dat u lid bent van een of andere van de vele Vrijmetselaarsordes en dat u weet dat de Vrijmetselaars een mooi filantropisch genootschap zijn, dat politieke en religieuze vragen uit zijn discussies en beraadslagingen heeft verbannen.

Het probleem is dat de lagere graad vrijmetselaars nooit weten wat de hogere graad vrijmetselaars doen. De aard van de structuur van de beweging verhindert dat zij het weten. Dit maakt het relatief gemakkelijk voor de hogere leiders om de gewone mensen te misleiden over de acties, doelen en bedoelingen van de Vrijmetselarij. En als bij toeval een van de leden van de lagere orde naar de top klimt, wordt hem op straffe van de dood geheimhouding gezworen en mag hij nooit onthullen wat hij weet aan de lagere broeders of aan iemand buiten de vrijmetselaarsorde. Deze eed van zwijgen wordt zeer strikt nageleefd. Ik zal proberen de vele sekten en religieuze overtuigingen die met de vrijmetselarij verbonden zijn, niet te vermelden en mij beperken tot aspecten van de Engelse en Amerikaanse vrijmetselarij.

Volgens de meeste autoriteiten over dit onderwerp werd de Engelse Vrijmetselarij in 1717 opgericht als gilden van operatieve of werkende Vrijmetselaars, en opende zij haar deuren voor wat speculatieve Vrijmetselaars werden genoemd, d.w.z. niet-werkende Vrijmetselaars, waardoor een gecombineerde beweging ontstond die de Engelse Grootloges werd genoemd. De oude Gilde Vrijmetselaars bestonden al vele eeuwen voor 1717, maar zij waren, nogmaals, geen politieke macht. Zij hielden zich alleen bezig met het uitoefenen van hun vak, het verdienen van hun ambacht en/of beroep in de vorm van een gesloten werkplaats, d.w.z. zij bewaakten hun geheimen tegen elke indringing van buitenaf.

De eerste vrijmetselaars, vóór 1717, hadden slechts drie graden - Apprentice, Fellow en Master Mason. Ten tijde van de samensmelting lieten de Gilde Vrijmetselaren grote veranderingen plaatsvinden, waarvan de eerste was dat de naam van de Christelijke God uit het ritueel werd geschrapt. De Blauwe Vrijmetselarij, zoals zij werd genoemd, was in die tijd een vrijwel nieuwe beweging en dit maakte een einde aan de samenwerking met de Ambachtelijke Vrijmetselaren. Kortom, de speculatieve niet-actieve vrijmetselaars namen het volledig over en de oude orde verdween van het toneel.

Uit deze nieuwe orde ontstond een nieuwe militante en revolutionaire vrijmetselaarsorde, de Schotse Rite genaamd. Terwijl de rituelen van de Grote Oriënt, d.w.z. de Europese Vrijmetselarij, werden verboden, heeft de Engelse Vrijmetselarij de Schotse Rite niet verboden en dit revolutionaire ritueel heeft, als een dodelijk virus, alle vrijmetselaarscellen in Engeland en Amerika in zijn greep gekregen om in de bestuurdersstoel van alle machtshefbomen in de samenleving te komen.

De meeste leden van de Engelse Vrijmetselarij blijven in de derde graad, zich doorgaans niet bewust van het kwaad dat in haar naam in de hogere graden wordt bedreven. Tegen de tijd dat de negende graad wordt bereikt, wordt het revolutionaire karakter van de Schotse Rite der Vrijmetselarij blootgelegd aan gekwalificeerde kandidaten, omdat dit het uiteindelijke doel ervan is: de ondermijning van de staat door middel van de vrijmetselarij zoals onderwezen in de 33 graad, wat ook de reden is waarom veel 33 graden Vrijmetselaars verantwoordelijk zijn geweest voor de ontbinding van bestaande regeringen in veel landen.

Bijvoorbeeld, in de Franse en Amerikaanse revoluties, in de Oorlog tussen de Staten en, meer recent, in Zimbabwe, waar een 33 graden vrijmetselaar, Lord Somas, Zimbabwe verraadde in de handen van een communistische tiran, onder het frauduleuze mom van "meerderheidsregering", en in de totale capitulatie van Zuid-Afrika door de vrijmetselaars aan het roer van Groot-Brittannië en de Verenigde Staten.

Somas was een van die "vastberaden mannen van de vrijmetselarij" die door Disraeli, de premier van Groot-Brittannië en een vrijmetselaar, werden beschreven, toen hij in het bijzonder sprak over de Schotse Rite-loges en de Grote Oriënt en zei:

> Men moet rekening houden met de geheime genootschappen die alle maatregelen op het laatste moment kunnen omleiden, die overal agenten hebben, vastberaden mannen die aanzetten tot moordaanslagen, enz.

Het klinkt zeker niet als het filantropische genootschap dat de Vrijmetselaars beweren te zijn, en in werkelijkheid is het dat ook niet. De vraag rijst: waarom hebben we eigenlijk geheime genootschappen? Amerika werd gesticht op christelijke principes die duidelijk stellen "dat de mensen de duisternis verkiezen boven het licht, opdat hun slechte daden worden verduisterd". Dit is volgens mij de werkelijke reden voor geheime genootschappen; in wezen zijn hun daden slecht. Er is geen andere verklaring voor de behoefte aan geheimhouding! Het is niet nodig om stil te staan bij het geheime genootschap dat de Franse Revolutie leidde. Tegenwoordig zijn alle historici het erover eens dat het de Jacobijnse Vrijmetselaarsclub was.

Dit is wat een zeer opmerkelijke Grootmeester van de Hoge Raad der Schotse Riten, Dominica Anger, te zeggen had toen hij de 33ste graad bevestigde aan pas gediplomeerde vrijmetselaars die op het punt stonden deze te ontvangen:

> Broeder, je hebt je training als leider van de vrijmetselarij voltooid. Leg je hoogste eed af. Ik zweer geen ander vaderland te erkennen dan dat van de wereld. Ik zweer overal en altijd te werken aan de vernietiging van de grenzen, de grenzen van alle naties, van alle industrieën, niet minder dan van alle families. Ik zweer mijn leven te wijden aan de triomf van de vooruitgang en de universele eenheid, en ik verklaar dat ik de ontkenning van God en de ontkenning van de ziel belijd. En nu, Broeder, dat voor u het vaderland, de religie en het gezin voorgoed verdwenen zijn in de onmetelijkheid van het werk van de

Vrijmetselarij, kom tot ons en deel met ons het grenzeloze gezag, de oneindige macht die wij over de mensheid hebben. De enige sleutel tot vooruitgang en geluk, de enige regels van het goede zijn uw eetlust en instincten.

Dat is, in een notendop, de essentie van de Schotse Rite der Vrijmetselaren, die de Amerikaanse vrijmetselarij domineert. Een van de meest interessante dingen over het communisme, de vrijmetselarij en de jezuïeten is dat ze allemaal een opmerkelijke figuur in de geschiedenis hebben die hen verbindt - Karl Marx, de man die de leer van Weishaupt opeiste als zijn oorspronkelijke "manifest".

Marx verdedigde de Jezuïeten zijn leven lang fel (en vaak gewelddadig). Marx is de man die het verband legt. Marx was ook een fervent aanhanger van het geheime genootschap van de vrijmetselaars, wat volgens mij een belangrijk verband is dat door bijna alle historici wordt "verwaarloosd". Deze verwaarlozing is een opzettelijk proces. Het valt niet te ontkennen dat het socialisme wordt gebruikt om het doel van één wereldregering te bevorderen, en het is interessant op te merken dat Marx, die openlijk een hekel heeft aan religie, het jezuïtisme zo hartstochtelijk omarmde.

Ignatius Loyola stichtte op 5 april 1541 de Jezuïetenorde, die vervolgens door paus Paulus XI werd bekrachtigd. De Orde is enigszins vrijmetselaarsachtig in die zin dat zij bestaat uit zes rangen of graden, waarbij het hoofd van de Orde bekend staat onder zijn militaire rang, dat wil zeggen een generaal, die absolute en onvoorwaardelijke trouw eist van alle jezuïeten en die op zijn beurt de absolute macht heeft over elke jezuïet in alle aangelegenheden. De Generaal heeft de macht om openlijk of in het geheim personen toe te laten die geen lid zijn van de Sociëteit.

Oversten en rectoren moeten wekelijks aan de generaal verslag uitbrengen over alle personen met wie zij betrekkingen of contacten hebben gehad. De jezuïeten vormen een machtige tegenmacht voor de paus, een macht die zij nooit hebben geaarzeld te gebruiken, zoals tijdens de inquisitie, waarvan de jezuïeten zich zoveel mogelijk distantieerden. De pausen hebben de jezuïeten altijd met argwaan bekeken, zozeer zelfs dat de orde in 1773 werd verboden. In weerwil van de paus beschermde Frederik II van Pruisen de jezuïeten voor zijn eigen belangen.

Mocht een lezer bezwaar hebben tegen het verband dat wordt gelegd tussen de jezuïeten en de vrijmetselarij, dan wil ik hier zeggen dat een van de beste autoriteiten op dit gebied waarschijnlijk Heckethorn is, en ik zal zijn woorden citeren:

> Er is een grote analogie tussen de vrijmetselaars- en jezuïtische graden; en ook de jezuïeten vertrappen de schoen en ontbloten de knie, omdat Ignatius Loyola zich op deze wijze aan Rome presenteerde en om bevestiging van de orde vroeg.

Niet tevreden met belijdenis, prediking en onderricht, waardoor zij een ongekende invloed hadden verworven, vormden zij in 1563 verschillende congregaties in Italië en Frankrijk, d.w.z. clandestiene bijeenkomsten in ondergrondse kapellen en andere geheime plaatsen. De Afgescheidenen hadden een sektarische organisatie met bijbehorende catechismussen en handboeken die voor hun dood moesten worden opgegeven, vandaar dat er nog maar weinig exemplaren zijn overgebleven.

De Jezuïeten probeerden de Nieuwe Wereldorde te helpen door revolutionaire mensen als Karl Marx krachtig te steunen, die op hun beurt de Jezuïeten fel verdedigden, zoals ik al eerder zei. Andere notabelen die het jezuïtisme en de vrijmetselarij verdedigden waren Adam Smith, de Britse Oost-Indië spion, die werd gebruikt om valse economische theorieën te promoten, en zijn medesamenzweerder, Thomas Malthus. Beiden waren beschermelingen van de Schotse Rite-vrijmetselaar, de Graaf van Shelburne, die zowel de Franse als de Amerikaanse Revolutie in gang zette. In feite verdedigden al deze mannen, inclusief Marx, het feodalisme, dat voor altijd werd vernietigd door de Amerikaanse Revolutie.

Jeremy Bentham, een duivelaanbiddende satanist van het kaliber van Albert Pike, was tegen het republicanisme, net als alle vrijmetselaars en jezuïtische samenzweerders vandaag de dag. De renteniersfamilies die in Benthams tijd de wereld regeerden, zagen een gevaar in de vrijheid van de mens door een republikeinse regeringsvorm, en dus zetten zij alles op alles om de grote voordelen van de Amerikaanse Revolutie ongedaan te maken. Deze strijd met de Vrijmetselarij duurt tot op de dag van vandaag voort, maar bevindt zich nu in de laatste fase. Het is veelzeggend dat de leiders van de One World Order Conspiracy voornamelijk Vrijmetselaars zijn, en in sommige gevallen Jezuïeten zoals Brzezinski, die ook een Aquarius is. (Een lid van de Aquarius Samenzwering) Zij bevinden zich in de voorhoede van de strijd om de Amerikaanse Republiek omver te werpen, die absoluut gehaat wordt door de Zwarte Adel van Europa en de zogenaamde aristocraten van Amerika.

De families van de Zwarte Adel wonen in Italië (Venetië, Genua en Florence), Zwitserland, Groot-Brittannië en Beieren. Dit is waar hun belangrijkste leden gevestigd zijn en waar sinds de 14e eeuw allerlei misdaden tegen de mensheid zijn gepland en uitgevoerd.

HOOFDSTUK 15

EEN OVERZICHT VAN KARL MARX

Karl Marx was in feite een creatie van een van deze voormalige oligarchieën en verkondigde dat de Sovjet-Unie een oligarchie was. Tot deze oligarchieën behoorden ook de Verenigde Staten en zij verklaarden dat het republicanisme een doodsvijand was, die met alle mogelijke middelen moest worden uitgeschakeld.

Hoewel Pike zich volledig afzette tegen een republikeins systeem met democratische principes. Een van deze methoden is religieus fanatisme, gecombineerd met het binnendringen van religieuze sektes en ordes. En het is niet alleen een republikeinse regeringsvorm die ze vernietigd willen zien. Zij willen de hele Verenigde Staten zien terugkeren naar een feodaal systeem waarin de "edele aristocraten" van het Oosterse establishment volledige dictatoriale bevoegdheden hebben.

Ik heb in de Amerikaanse "samenzweringscultuur" geen enkele schrijver ontmoet die het feodalisme op bevredigende wijze heeft uitgelegd. Degenen die over dit onderwerp hebben geschreven, hebben alleen aangetoond dat zij de ware betekenis ervan niet kennen. Het is in deze geest dat ik de vrijheid neem om uit te weiden over feodalisme zoals het direct betrekking heeft op de vrijmetselarij.

Tijdens de Donkere Middeleeuwen die eeuwenlang over Europa heersten, was het individu weerloos. Het behoud van het leven stond voorop en de mensen verbonden zich in volledige dienstbaarheid aan de sterksten onder hen, die hen op hun beurt beschermden tegen degenen die op hen aasden. Sterke mannen verbonden zich aan nog sterkere mannen, en zo ontstond het feodale systeem. Mannen tekenden voor dienst in het leger van de sterkste groep voor bepaalde tijd - zeg 50 dagen per jaar.

Dit leidde tot het ontstaan van een klasse van krijgers die de adel werd. Zij hadden wapens, paarden en versterkte plaatsen nodig om zich te beschermen, wat mogelijk werd gemaakt door "gratis" arbeid. Versterkte plaatsen evolueerden van palissades tot massieve stenen gebouwen, imposant in hun ontwerp en uitvoering.

Steenhouwers, metselaars, smeden en metaalbewerkers moesten allemaal gratis hun werk geven om deze superstructuren te bouwen. De belangrijkste bron van rijkdom was het land en de arbeid van degenen die het bewerkten om goederen te produceren die zich vertaalden in rijkdom. De status van de horige veranderde weinig in de loop der eeuwen, waarbij sommigen geleidelijk aan deelpachters werden en betalingen deden aan de landsheer. Noch hij, noch zijn familie konden trouwen zonder toestemming van de heer van het landgoed, waarvoor meestal een belasting moest worden betaald. Hij was nooit een vrij man.

De alomtegenwoordige belemmering van zijn vrijheid was de wet die hem dwong te blijven waar hij was. Met andere woorden, hij mocht zich niet verplaatsen. Als hij stierf, gingen zijn beste boerderijdieren naar de heer des huizes. Albert Pike en zijn medemetselaars beloofden "volledige vrijheid" aan iedereen die lid werd van de vrijmetselarij.

Pike's beste vriend en medewerker was echter Giuseppe Mazzini (1805-1872), de Italiaanse vrijmetselaarsleider die het industriële kapitalistische systeem niet kon verdragen. Mazzini was een Satanist en ook een Jezuïtische priester!

Mazzini was de oprichter van de Young Europe League, die al snel een afdeling opende in Amerika, genaamd Young America. Karl Marx was een van de eerste leden van Mazzini's radicale vrijmetselaarsbewegingen vanaf 1840, dus het is vrij duidelijk dat de vrijmetselarij Karl Marx schiep als een revolutionaire figuur die de arbeiders verdedigde, om hem te gebruiken als knuppel om het industriële kapitalisme dood te slaan. Mazzini, de jezuïtische aanhanger van de vrijmetselarij, lanceerde in feite Karl Marx' carrière tegen het kapitalisme door opmerkelijke communistische vrijmetselaars samen te brengen en de radicale "Internationale Arbeidersvereniging" op te richten.

Vanaf dat moment ontsnapte Karl Marx zelden meer aan de publieke belangstelling. Marx ontwikkelde zijn haat tegen het industriële kapitalisme pas na die noodlottige bijeenkomst in Londen waar de Internationale Arbeidersliga werd opgericht, waaruit Marx naar voren kwam met de woorden:

> Ik ben vastbesloten om alle politieke bewegingen van het industriële kapitaal te verpletteren waar ik ze ook vind.

Marx zei ook:

> Al het kwaad moet worden toegeschreven aan de ontwikkeling van het industriële kapitaal.

Marx heeft nooit nagelaten dit thema te prediken. Ik hoop dat de lezer kan zien hoezeer wij hebben geleden onder de dubbelhartigheid van de Vrijmetselarij en de Jezuïeten. Beide bewegingen zijn nog steeds in oorlog met de Verenigde Staten.

Dit maakte deel uit van de aangekondigde bedoelingen van hooggeplaatste vrijmetselaars zoals Pike en Mazzini; het omverwerpen van de bestaande orde, wat Weishaupt in 1776 van plan was en waartoe hij de Illuminati opdracht gaf. Het woord "imperialisme" werd bedacht in de International Working Men's Association en werd vanaf 1890 vrij vaak gebruikt. Omdat Amerika de grootste geïndustrialiseerde natie ter wereld is geworden en vanwege zijn ongelooflijke groeipotentieel, zijn de Verenigde Staten de meest gehate natie geworden, vooral vanwege zijn unieke republikeinse regeringsvorm. De families van de Amerikaanse oligarchie hebben er alles aan gedaan om een dergelijk klimaat van haat in stand te houden. Veel van wat Marx "lelijk amerikanisme" noemde, heeft wereldwijd terrein gewonnen. Natuurlijk dacht niemand eraan om erop te wijzen dat Lenins ideeën zo dicht mogelijk bij een imperialistisch systeem lagen, waarbij het communisme niets anders was dan een systeem van eng kapitalisme gebaseerd op oligarchie. Dat was nooit echt communisme en dat is het nu ook niet. Het is gewoon kapitalisme van brutale monopolistische aard dat leidt tot totale macht in de handen van een paar mannen.

HOOFDSTUK 16

TERUG IN DE GESCHIEDENIS

Als jonge student las ik Tacitus' geschiedenis van Augustus Caesar. Ik was vervuld van verwondering. Ik dacht dat het Romeinse volk wel begreep hoe decadent ze waren en dat Rome spoedig zou verdwijnen. Waarom deed niemand iets om de val van Rome te stoppen? Waarom zagen wij in Amerika niet dat het met Amerika bergafwaarts ging? Het volk moet toch inzien dat het Oosterse liberale establishment en zijn alliantie met de Britse oligarchie dit land ruïneert?

Moeten de mensen beseffen dat we in de laatste jaren zitten van de mooiste republiek die de wereld ooit gekend heeft? Het antwoord is dat het Amerikaanse volk niet anders is dan de Romeinen. Ze zien zoiets niet! Ze willen ook niet lastig gevallen worden door mensen zoals ik die daarop wijzen. "Laat ons met rust," zeggen ze. "Amerika is niet het oude Rome. We hebben onze grondwet. We zijn sterk. We zullen niet verslagen worden."

Dat is precies het punt. Omdat u, de Amerikaanse burger, een grondwet heeft, ziet het Oosterse establishment u als een bedreiging die het dag en nacht moet uitschakelen. En wat is er gebeurd met onze grondwet, het grootste document na de Bijbel? Het is met voeten getreden en terzijde geschoven!

Ik zal met klem zeggen dat ik de enige was die de aandacht vestigde op het verband tussen de Falklandoorlog en de Oosterse gevestigde orde. Ik was ook de eerste, en heel lang de enige, die schreef over de Club van Rome, Felipe Gonzales, het Global 2000 rapport en het multiculturalisme, zoals de New Age of Aquarius. Tegenwoordig worden deze namen gepubliceerd in vele rechtse publicaties, maar bijna tien jaar lang kwam de enige informatie over deze namen uit mijn archieven.

De Falklandoorlog was een oorlog die gevochten werd namens de zwarte Britse adel en Elizabeth Guelph, de koningin van Engeland. Amerika had het recht niet om deze vijanden van echte vrijheid te helpen triomferen over de Argentijnen. Toch gaven we de Britten alle denkbare steun in de vorm van wapens en back-up systemen. Daarmee bevuilden we ons eigen nest, waarbij we het feit negeerden dat John Quincy Adams de beroemde Monroe Doctrine schreef om een dergelijke gebeurtenis te voorkomen.

De heersende klasse van de Oosterse gevestigde orde, die lang met hun Britse tegenhangers is geassocieerd, verscheurde in feite de Monroe Doctrine door de Britse agressors te steunen, en beweerde in feite dat zij met hun haat tegen onze Republiek wel raad weten met documenten als de Monroe Doctrine, en zij deden dat tijdens de Falklandoorlog, waarbij zij de bladzijden ervan met hoon en spot overlaadden, onder het presidentschap van de "conservatieve" president Reagan.

Door de Monroe Doctrine te bespotten, verwerpt het Oosterse establishment, vijanden van het Amerikaanse volk en hun grote Republiek, ook de overwinning van 1812 op de Britten door de kleine en ontoereikende Amerikaanse marine. Deze grote Amerikaanse zege vond plaats nadat de in Zwitserland geboren verrader Gallatin (minister van Financiën) alles in het werk stelde om de bouw van een Amerikaanse marine te verhinderen. Gallatin stond in dienst van de Britse, Zwitserse en Genuese zwarte adel en hun rentenierende bankiersfamilies en deed er alles aan om de jonge Amerikaanse Republiek te wurgen en te verstikken. Gallatin was precies het tegenovergestelde van John Quincy Adams en Benjamin Franklin.

Terwijl John Quincy Adams en Franklin Amerika dienden, diende Gallatin de oude feodale families van Brittannië, Venetië, Genua en Oostenrijk op precies dezelfde manier als de presidenten Wilson, House, Roosevelt Stimson, Knox, Bush en Clinton de samenzweerders moeten hebben gediend toen zij werkten aan de omverwerping van de Amerikaanse Republiek ten gunste van een despotische, slaven bezittende één-wereld regering.

Laten we teruggaan naar de oorlog van 1812. Na de extreme wreedheid die de Britse oorlogsschepen en hun surrogaten, de piraten van de Barbarijse kust, hun handelsvloot aandeden, verklaarde Amerika uiteindelijk de oorlog aan de Britten - maar niet aan de Oosterse gevestigde orde. De kleine Amerikaanse marine versloeg uiteindelijk de machtige Britse marine. Toen de vrede was hersteld, werden de Falklandeilanden door het Verdrag van Vriendschap, Navigatie en Handel overgedragen aan Spanje en vervolgens aan Argentinië.

De Argentijnen hadden dus het wettelijke eigendomsrecht op de Falklandeilanden. Toch negeerden George Bush, George Shultz en Alexander Haig, dienaren van de Oosterse gevestigde orde, de herinnering aan die dappere Amerikanen die de Britten voor de tweede keer versloegen en, door hun verraad door de Britten te helpen de Falklands binnen te vallen, de Monroe Doctrine verscheurden en de Verenigde Staten opnieuw tot slaaf maakten van de Britse en Europese feodale heren. En het was president Reagan die deze ontheiliging voorzat.

Ja, we hebben de namen van onze heldhaftige staatslieden, John Quincy Adams en president Monroe, gehekeld. We lieten niet alleen een oorlogszuchtige Britse macht toe op ons halfrond, we hielpen ze ook een bevriende natie te verslaan waarmee we een verdrag hadden. Als er iemand is die nog steeds niet gelooft dat de Britten Amerika beheersen, nodig ik u uit om nog eens goed na te denken, niet alleen over wat ze Argentinië hebben aangedaan, maar ook over wat ze ons eigen land, de Verenigde Staten, hebben aangedaan. Degenen die verantwoordelijk zijn voor het schenden van de Monroe Doctrine hadden berecht moeten worden voor verraad en gestraft als ze schuldig werden bevonden.

Ze verraadden alles waar de Republiek der Verenigde Staten voor stond toen ze de Britten in ons halfrond lieten! Dat is wat er gebeurde. Had iemand kunnen zien wat er gebeurde? Kon iemand het tegenhouden? Zijn we net zo blind als de Romeinen?

Het antwoord in het tweede geval is dat niemand in Amerika, inclusief onze President, sterk genoeg is om de Hoer van Babylon, de geldmacht van het Oosterse establishment, tegen te houden om precies te doen wat haar Europese meesters haar opdragen! We worden meegevoerd op een snel stijgende vloed, in een snel tempo voortgestuwd naar de fatale dag waarop we ondergedompeld zullen worden door één enkele wereldregering. Er is geen stoppen aan deze woest stromende vloed! Zelfs degenen die, zoals ik, hier al jaren over schrijven en precies weten wat er gebeurt, kunnen weinig doen om de tragedie te stoppen. Zo zeker als Rome viel, zal Amerika vallen.

We gaan de laatste jaren van onze republiek in. Zoals Tacitus stelt, realiseerde noch Caesar Augustus noch iemand anders zich dat Rome viel.

De belangrijkste architecten van ons verval zijn de jezuïtische vrijmetselaars en hun verstrengelde banden met de Amerikaanse Oosterse gevestigde orde en de Britse, Venetiaanse, Genuese en Zwitserse Zwarte Adel. Het complot van mevrouw Thatcher en Henry Kissinger om Amerika te verraden via hun geheime deals met Moskou bewees dit.

Voor het geval u denkt dat mijn geloof in het bestaan van geheime overeenkomsten tussen het Oosterse establishment en de USSR irrelevant is, wil ik u vertellen dat een van de ergste verraders in de geschiedenis van de Amerikaanse Republiek, McGeorge Bundy, een zogenaamde "blauw bloed" verrader, een van de eerste instituten in zijn soort heeft opgericht, het Internationaal Instituut voor Toegepaste Systeemanalyse, in samenwerking met KGB-agent Alexei Dzhermen Gvishiani, die toevallig de schoonzoon was van wijlen premier Alexei Kosygin (1904-1980). McGeorge Bundy is een fervent aanhanger van de fatale Malthusiaanse doctrine van de vrijmetselaars, die nu de economieën van de westerse landen om zeep helpt. McGeorge Bundy is lid van de Schotse Orde van Vrijmetselaars, net als Kosygin.

McGeorge Bundy speelde een leidende rol in het tegenwerken van alle Amerikaanse inspanningen om nucleaire gelijkheid met de Sovjet-Unie te bereiken en heeft, samen met de deelnemers aan de Pugwash-conferentie over ontwapening, die bijna allemaal vrijmetselaars waren, onschatbare schade toegebracht aan de defensiecapaciteit van Amerika. Samen met Kissinger sloot Bundy zich aan bij de Pugwashpromotors van SALT, van wie hij wist dat ze Amerika uiteindelijk zouden verzwakken.

McGeorge Bundy en Kissinger hebben zich allebei verkocht aan dezelfde zwarte Zwitserse, Duitse en Britse adellijke families die Washington bevochten in de Amerikaanse Revolutie en de Oorlog van 1812, terwijl de zwarte vrijmetselaarsadel de Amerikaanse Republiek blijft bestrijden.

Waar haalden McGeorge Bundy, Kissinger, Harriman, Rockefeller, Cabot, Lodge, Bush, Kirkland (de huidige vakbondsleider, wiens betovergrootvader het eerste schot loste op Fort Sumter om de vernietiging van de Republiek te beginnen), de Lowells, de Astors en alle gevestigde families uit het Oosten hun anti-Republikeinse overtuigingen en ideeën vandaan?

Het is gemakkelijk genoeg om die vraag te beantwoorden: de graaf van Shelburne (William Petty, 1737-1805), hoofd van de Britse geheime dienst en meesterspion, en misschien het belangrijkst, hoofd van de ultrageheime fanatieke Schotse Orde van de Vrijmetselarij! In dit opzicht zien we eens te meer de vitale rol die de vrijmetselarij speelt bij het vormgeven van de zaken, niet alleen van de Verenigde Staten, maar van de hele wereld, nu deze zich beweegt in de richting van een samenleving die "één wereldregering" wordt genoemd.

Wie was deze meester-samenzweerder, deze Shelburne, die de harten, geesten en filosofieën beheerste van die eminent gerespecteerde families van "oud geld" in Boston, Genève, Lausanne, Londen, Genua en Venetië die ongelooflijk rijk werden door de opium- en slavenhandel: ik bedoel de families William Pitt, Mallet en Schlumberger. Shelburne beheerste zeker de harten en geesten van het hele oosterse liberale establishment en vele, vele andere zogenaamde prominente en invloedrijke families.

Zo'n twintig jaar geleden noemde ik Lord Shelburne voor het eerst in mijn schrijven. Destijds had geen enkele rechtse publicatie of auteur ooit verwezen naar de autocratische Brit die de oppositie tegen de Amerikaanse Revolutie leidde.

Shelburne was in de eerste plaats een Schotse Rite Vrijmetselaar met sterke banden met de Jezuïeten in Engeland, Frankrijk en Zwitserland. Hij was niet alleen de controleur van William Pitt, de Britse premier, maar ook van de terroristen Danton en Marrat en de verraders van de Oosterse gevestigde orde onder leiding van Aaron Burr, evenals van Adam Smith, de Britse Oost-Indische spion die econoom werd, en Malthus, wiens vloedgolf van verkeerde concepten de economieën van het Westen naar de ondergang dreef.

HOOFDSTUK 17

DE VRIJMETSELAAR CHIEF SHELBURNE

Lord Shelburne is de man die het meest heeft gedaan om de voordelen te vernietigen die de mensheid heeft ontvangen als gevolg van de Renaissance van de 15 eeuw, en de man die het meest verraad heeft gepleegd aan de christelijke idealen zoals onderwezen door Christus, onze sociale en morele politieke idealen, en onze concepten van individuele vrijheid zoals belichaamd in de Grondwet.

Kortom, Shelburne is de quasi-historische vader van revolutie, slavernij en het nieuwe donkere tijdperk dat leidt tot een één-wereld orde. Shelburne haatte en verafschuwde de Renaissance. Hij was absoluut een fan van speciale belangen die geloofden dat de gewone man alleen op aarde was om de hogere klasse te dienen, waartoe Shelburne behoorde. Hij haatte ook het industriële kapitalisme en was een fervent aanhanger van het feodalisme, een bijna perfect voorbeeld voor Karl Marx.

Bovendien was het William Petty die de vervloekte Royal Society van Londen oprichtte, de voorloper van het Royal Institute for International Affairs, dat de Amerikaanse buitenlandse politiek controleert, de Council on Foreign Relations in New York. De Londense Royal Society en haar nakomelingen, het Royal Institute for International Affairs en de New Yorkse Council on Foreign Relations zijn beide gebaseerd op de geschriften van de vrijmetselaarsgeleerde Robert Fludd en het jezuïtische Rozenkruiserschap.

Andere vrijmetselaars die de Royal Society controleerden waren Elias Ashmole en Lord Acton, beiden zeer hoog in de vrijmetselaarsleiding. Deze mannen, samen en afzonderlijk, controleerden de acties van de Britse premier William Pitt en John Stuart Mill, Lord Palmerston en, later, mannen als H.G. Wells en John Ruskin (Ruskin was de mentor van Cecil Rhodes en Lord Alfred Milner) evenals de vrijmetselaars die de Jacobijnen leidden bij het uitbreken van de beruchte Franse Revolutie.

Het was Lord Milner die de woeste Boerenoorlog begon, waarbij hij de macht van het Britse leger inzette tegen de kleine republieken van de Boeren. Hij, zoals Shelburne, haatte het republicanisme. Deze vrijmetselaars veroorzaakten onnoemelijk veel ellende, pijn en lijden, en economische chaos in elk land, maar laten we niet vergeten dat het William Petty was, Graaf van Shelburne, wiens leer hen inspireerde en het allemaal mogelijk maakte.

Laten we ook niet vergeten dat William Petty, de graaf van Shelburne, in de eerste plaats een vrijmetselaar was. De vrijmetselaars rituelen van de 33 graden leren dat er geen God is, maar spreken veel over oude kwade culten. Mesopotamië en Egypte waren de landen waar deze kwade culten werden beoefend, en waarover de Graaf van Shelburne in het Westen rapporteerde en waarop de Club van Rome en de Aquarianen van vandaag zijn geënt, bestaan al sinds de oudheid. Zij hadden geen respect, geen medelijden met een moeder wier kind door de priesters van Baäl van haar werd weggerukt om levend te worden verbrand in de ijzeren armen van Molok als offer ter ere van hem.

Deze "jacht- en verzamelgenootschappen", zoals ze worden genoemd, zijn vandaag de dag nog steeds te vinden in bepaalde ordes van de vrijmetselaars. En vergis u niet, de sekten zijn de belichaming van al het kwaad, sekten zoals die van Dionysus, waartoe de machtige hoofden van het Europese koningshuis behoren, Magna Mater, Isis, Astarte, de kwaadaardige, verachtelijke Chaldeeuwse sekte, en de sekte van Lucifer of de Lucifer Trust, onlangs de Lucius Trust genoemd, waartoe Robert McNamara, Cyrus Vance en vele notabelen van het Oosterse establishment behoorden.

(Laat ik zeggen dat er vele andere sekten zijn waartoe veel hooggeplaatste vrijmetselaars behoren - die welke verbonden zijn met de orde van de Eenheidsregering - en ik zal er later over spreken).

Maar voordat ik in detail inga op wat de hedendaagse vrijmetselaars doen om een Nieuwe Wereldorde-Atopia te vestigen voor het Tijdperk van de Waterman, wil ik terugkijken naar de historische vrijmetselaarsfiguren van de Amerikaanse Revolutie, de Oorlog tussen de Staten, algemeen bekend als de Burgeroorlog, en dan doorgaan tot in recentere tijden.

Ik hoop u te laten zien dat er al meer dan 250 jaar een rode lijn van haat tegen de Amerikaanse Republiek door onze geschiedenis loopt, en dat deze haat vandaag sterker is dan ooit, nu Amerika zijn laatste fase ingaat voordat de schemering van het nieuwe donkere tijdperk zich donker over de aarde en al haar resterende bewoners vestigt.

Alvorens in te gaan op enkele van deze details, wil ik zeggen dat de haat tegen het christendom anno 2008 nog sterker is dan in de Middeleeuwen. Het is vermeldenswaard dat er heel weinig verschil is tussen de doelen en doelstellingen van de huidige Oosterse gevestigde vrijmetselaars en het beleid van het internationale socialisme. "Onze" verraders hebben altijd samengewerkt met hun tegenhangers in Venetië. Het waren inderdaad de "blauwbloedjes" van Amerika en degenen die verbonden waren met de Black Guelph factie in Europa, in het bijzonder Lord Alfred Milner, de Schotse Rite Vrijmetselaar, die Vladimir Lenin creëerden.

Zoals ik al eerder zei, was de bolsjewistische revolutie geen obscure beweging die erin slaagde een grote natie omver te werpen en tot slaaf te maken. Het was veeleer het resultaat van plannen en complotten van de Vrijmetselaars, die in 1776 begonnen met de oorlog tegen de Katholieke Kerk onder leiding van de Jezuïet Adam Weishaupt. Niet alleen kwam het complot om Rusland te communiseren uit het Westen, maar ook het immense fortuin dat nodig was om het uit te voeren!

Toen de Amerikaanse kolonisten daarentegen de strijd aangingen om zich te bevrijden van het juk van de slavernij van George III, werden zij door niemand anders dan zichzelf gesteund! De katholieke kerk in Canada, gedomineerd door de jezuïeten en inclusief een aantal vrijmetselaars, speelde een sleutelrol bij het verraden van de Amerikaanse zaak tijdens de oorlog van 1776 door de verrader Aaron Burr te helpen, een voormalige vice-president van de Verenigde Staten die me doet denken aan veel van onze voormalige presidenten.

Het waren de katholieke jezuïeten die Burr's reis organiseerden, zodat hij kon spioneren voor de Britten. Een andere figuur die door de Britse, Zwitserse en Genuese

staatshoofden naar Amerika werd gestuurd was Albert
Gallatin, een vrijmetselaar die zich een weg baande naar de
machtsstructuur van het nieuwe land en deze van binnenuit
wilde vernietigen. Zijn hedendaagse tegenhanger is Paul
Volcker, voormalig voorzitter van de Federal Reserve
tijdens een van de meest turbulente periodes in de
Amerikaanse geschiedenis, en nu, in 2009, economisch
adviseur van president Obama.

William Shelburne, de meester-metselaar, spionnenmeester
en meesterbrein van de Franse Revolutie, coördineerde de
activiteiten van allen die betrokken waren bij de strijd om
de gevaarlijke nieuwe Amerikaanse Republiek uit te roeien
voordat het een model voor de wereld zou worden. Onder
deze vijanden was Robert Livingston van het Continentale
Congres Comité. Shelburne regelde dat de titel van Leading
Scottish Rite Mason overging van zijn Grootmeester,
William Walter, die in 1783 in het Britse leger zat, naar de
nieuwe Grootmeester, Livingston.

Livingston werd ingehuldigd als Grootmeester van de
Grootloge van New York, vanuit welke positie hij ging
werken voor de families London-Venice-Genua-Geneva,
die vandaag de dag nog steeds 's werelds grootste rijkdom
controleren. In deze beruchte kring zaten senatoren
Hillhouse, Pickering, Tracy en Plummer, die allen
vrijmetselaars waren en een leidende rol speelden in
pogingen om hun staten over te halen zich af te scheiden
van de Unie. Zoals ik al zei, ze waren allemaal
vrijmetselaars, net als hun vertrouweling en co-auteur van
het complot, de Britse ambassadeur in de Verenigde Staten,
Anthony Mary. Toen Burr, de Meester Vrijmetselaar, werd
ontmaskerd als een verrader omdat het complot om
Louisiana in beslag te nemen voor de Britten was mislukt,
vluchtte hij naar zijn Vrijmetselaars vrienden in Engeland,

net zoals Roberto Calvi vluchtte naar zijn Schotse Rite Vrijmetselaars vrienden in Engeland. Maar in tegenstelling tot Calvi, die werd vermoord door zijn zogenaamde "vrienden", kreeg Burr een heldenontvangst van de graaf van Shelburne. Overigens was het John Jacob Astor die Burr's reis betaalde. Astor was het volledig eens met wat Shelburne geloofde, namelijk de verering van de satanische Chaldeeuwse cultus, een cultus die zo machtig was dat ze op een bepaald moment in de geschiedenis het hele Perzische Rijk in haar greep hield. De Chaldeeuwse cultus wordt algemeen veroordeeld in de Christelijke Bijbel.

Families in Groot-Brittannië, Genua, Venetië en Zwitserland stammen af van hen die de vrijmetselaar Shelburne aanvoerden om de jonge Amerikaanse Republiek te vermorzelen. Families bezoedeld door de opiumhandel zoals Mallet, Pitt, Dundes, Gallatin, en in Amerika, Livingston, Pickering, plus het Harvard-nest van verraders, vormen de kern van de Oosterse gevestigde liberalen en hun voorouders die Amerika haten en volledig van plan zijn het te vermorzelen, zoals Shelburne hen 250 jaar geleden opdroeg.

Een van de meest volhardende in dit streven was de Engelse "econoom" en vooraanstaand vrijmetselaar, Thomas Malthus. Net zoals Marx werd gecreëerd door een Europese jezuïet-vrijmetselaars samenzwering, creëerden zij ook Malthus.

Malthus was een spion in dienst van de Britse Oost-Indische Compagnie, de Britse koloniale organisatie die verantwoordelijk was voor het verzamelen van grondstoffen en het liquideren van activa, vergelijkbaar met het huidige Internationaal Monetair Fonds. Maar het valse economische uitgangspunt waarvoor Malthus bekend werd,

werd in feite geschreven door een andere vrijmetselaar, de graaf van Ortes, van de Venetiaanse bankiersfamilie Ortes.

De zwarte Venetiaanse adel, woedend over de activiteiten van de Amerikaan Benjamin Franklin, gaf de vrijmetselaar Ortes de opdracht en betaalde hem om een weerlegging van Franklins werk te schrijven. In wezen steunde Franklin het bijbelse gebod om vruchtbaar te zijn en zich te vermenigvuldigen. Franklin betoogde dat economische voorspoed zou voortkomen uit een toename van de bevolking. De zwarte adel, met hun "jager-verzamelaar" mentaliteit, geloofde dat slechts een deel van de gemeenschappelijke kudde voor dienst zou moeten worden behouden.

Zij geloofden in genocide, en het was hieraan dat de Club van Rome zijn ideeën voor de Global 2000 agenda ontleende. Ortes' geschriften namens de "edele" families waren zeer anti-Amerikaans, anti-Franklin en zijn ideeën werden overgenomen, ontwikkeld en uitgebreid door andere vrijmetselaars, zoals premier William Pitt, en later door Malthus, nadat hij een beurs en instructie had ontvangen van de Schotse Rite Vrijmetselaar, Lord Shelburne. Malthus schreef zijn boek, *On Population*, in directe tegenspraak met Franklins werk.

HOOFDSTUK 18

MALTHUS EN BENJAMIN FRANKLIN

Malthus verafschuwde het werk van Benjamin Franklin, die werd veracht door dezelfde families die voorkomen in deze lijst van verraders, *"America's 60 Families"*, gepubliceerd door de vrijmetselaar Frederick Lundberg.

Deze families denken dat ze het nec plus ultra van Amerika zijn. Ze denken dat ze het inherente recht hebben om te beslissen wie leeft en wie sterft en over het lot van Amerika beslist.

De afstammelingen van deze 60 families vochten hard om de Amerikaanse Republiek te vernietigen en elk overblijfsel ervan te verpletteren. Hun antecedenten doen vandaag hetzelfde, en gaan verder waar hun voorouders ophielden. Dit sektarische abces moet uit het lichaam van Amerika worden verwijderd als we willen overleven, en hoe eerder hoe beter.

De meeste Amerikanen die ik heb gesproken, hebben weinig idee van de omvang van de vernedering en de schande die wij tijdens de Falklandoorlog hebben ondergaan, een schande die wij nog steeds ondergaan door de afbraak van de oorlog in Irak, en terecht. We hadden moeten opstaan tegen de Britse vrijmetselaars en moeten zeggen "nee, we zullen de nagedachtenis van een grote Amerikaanse patriot nooit verraden". In plaats daarvan stonden we toe dat de Amerikaanse en Britse vrijmetselaars het graf van John Quincy Adams vertrapten en hun triomfritueel rond zijn grafsteen hielden. Ik rouwde toen om het verraad van de Falklands, en dat doe ik nu, in 2009, met het verraad van onze eer in de oorlog in Irak. Het is een van de donkerste bladzijden uit onze geschiedenis. We mogen het niet vergeten. We moeten ons inzetten om de families van oligarchen en de controleurs van Amerika's lot uit de Falklandeilanden te verdrijven en ze terug te geven aan hun rechtmatige eigenaars, het Argentijnse volk. We mogen niet rusten voordat de herinnering aan de 20.000 zeelieden van de Amerikaanse vloot, die voor de oorlog van 1812 door de Britse marine gevangen en tot slaaf gemaakt werden, gewroken is.

Zolang we toestaan dat Britse "adellijke families" over de Falklands heersen, zullen we nooit meer de naam en de nagedachtenis van een groot Amerikaan, John Quincy Adams, kunnen eren. Zolang we dat niet doen, zullen we onszelf geen godvrezende christelijke natie durven noemen. De drie verraders die ons het meest irriteren zijn die van de Falklands, Zuid-Afrika en Zimbabwe. Zelf kan ik niet rusten voordat de daders van deze misdaden ongestraft blijven; misdaden die werden gepland en uitgevoerd door machtige elementen in de vrijmetselaarsbeweging, en uitgevoerd door hun Amerikaanse dienaren in de Amerikaanse regering.

Het waren de "60 families", de voorouders van de huidige Oostkust-liberalen, die de Amerikaanse Revolutie en het Republikanisme bestreden en in de jaren daarna de ene na de andere tragedie planden en bewerkstelligden, waarvan niet de minste de door Satan gedomineerde, door sektes geleide Verenigde Naties was. Het zijn deze families en hun voorouders die ons de Vrijmetselaars-, Gnostische, Brahmanische, Illuminati-, Isis-, Osiris- en Dionysosculten hebben gegeven in plaats van het zuivere Evangelie van Christus.

Dit zijn de leden van het liberale establishment. De mensen die ons de oude en geaccepteerde clandestiene vrijmetselarij van de Schotse (Amerikaanse) Rite hebben gegeven, officieel pas opgericht in 1929, maar feitelijk gesticht in 1761, en dus zeer actief in haar oorlog tegen de jonge Amerikaanse natie. Terloops wil ik opmerken dat de beroemde historica, Lady Queensborough, beweert dat de riten gebaseerd zijn op oude Kabbalistische oorsprong.

Albert Mackey, de man die de vrijmetselarij in detail bestudeerde, zei:

> De vrijmetselarij belooft de mensen verlossing door middel van ceremoniën die door mensen zijn bedacht, door priesters worden beheerd en door demonen worden bewoond. Het is de som en substantie van alle valse religies op aarde, en zal ze uiteindelijk verenigen tegen Christus. Maar de enige tegenstander die de vrijmetselarij vreest is Christus, die weigerde Satan en zijn discipelen te aanbidden.

De door de vrijmetselarij beloofde "redding" leidde bijna tot de ondergang van de Amerikaanse Republiek in 1812 en in 1861 tot de verschrikkelijke oorlog tussen de staten, bekend als de "Burgeroorlog", die aan meer dan 400.000 mensen het leven kostte, een feit dat door de gevestigde historici (de enige die in de Verenigde Staten zijn toegelaten) nooit is benadrukt. Deze verschrikkelijke tol overtreft het aantal Amerikaanse soldaten dat in de Eerste en Tweede Wereldoorlog werd gedood! Denk goed na over dit feit en onthoud het, want onze zogenaamde "historici" proberen deze vitale statistieken onder het tapijt te vegen.

En wat was het excuus voor deze broederoorlog tussen de staten? Ogenschijnlijk werd de oorlog gevoerd om zwarte mensen te emanciperen, maar de overgrote meerderheid van ons weet nu dat hij om andere redenen werd gevoerd.

Het is interessant op te merken dat de slaven bezittende families van het Noorden hun fortuin maakten met wat zij veroordeelden. Zij combineerden de slavenhandel met de opiumhandel naar China, en zo vergaarden de blauwbloedige edelen van Oxford, de afgestudeerden van Harvard en de "adellijke" families van Boston en omgeving hun fortuin, en het is in deze drugshandel dat hun nakomelingen vandaag nog steeds betrokken zijn. Ik moet echter de slavernij, de opiumhandel, de "Olympiërs" en de in drugs gedrenkte "heersende klasse" buiten beschouwing laten om tot het hoofdonderwerp te komen.

Ik herhaal terloops dat alle families die zichzelf beschouwen als de elite van Amerika's "koninklijke families" hun geld verdienden met de opium- en slavenhandel. Vertel dat aan de auteur van *America's Sixty Families* en kijk hoe hij wegvlucht! Mr Lundberg zou er natuurlijk nooit van dromen zijn beroemde klanten te ontmaskeren. Nu wil ik verder gaan met de latere gebeurtenissen na de Burgeroorlog, die van begin tot eind werd uitgelokt en geleid door een vrijmetselaarscomplot, via mensen als Caleb Cushing en Lloyd Garrison.

Het lijdt geen twijfel dat de aanstichters van de samenzwering om Amerika te vernietigen, die culmineerde in de Oorlog tussen de Staten, allemaal Schotse Rite Vrijmetselaars waren aan beide zijden van het conflict. Het is vermeldenswaard dat de moord op president Lincoln ook een jezuïet-vrijmetselaarscomplot was.

Deze vrijmetselaars verenigd met de zwarte Venetiaanse adellijke families, de Contarini en Pallavicini, en de Jezuïtische spionnenbende hadden Lincoln niet kunnen vermoorden zonder de medeplichtigheid van de Oosterse gevestigde families en de Cecil-familie in Engeland. Zo zegevierde de Jezuïtische Rozenkruisersekte van Robert Fludd over het Amerikaanse volk, hun grondwet en hun republiek, en verheugde zich in de moord op de president als een van hun "trofeeën".

Dus wat was het motief achter de samenzwering van de vrijmetselaars om de Verenigde Staten te vernietigen en een één-wereld regering te vestigen? Het motief was haat, een diepe en fanatieke haat tegen het ideaal van de republiek, het idee dat mensen bevrijd konden worden van lijfeigenschap en de feodale macht van de oude Venetiaanse, Genuese en Britse families.

Het idee alleen al dat, onder een republikeinse regeringsvorm, mensen vrij zijn om elke beslissing waar ze het niet mee eens zijn aan te vechten door hun stemrecht uit te oefenen, was volkomen verwerpelijk voor deze zelfbenoemde leiders. Zij geloofden, zoals ze nog steeds doen, dat het enige recht om te beslissen over het lot van de gewone man aan hen toebehoort. Daarom is de christelijke godsdienst, met zijn nadruk op individuele vrijheid, het doelwit van hun haat, en waarom zoveel van deze oude families van de slaven- en opiumhandel hielden, net zoals ze vandaag van de drugshandel houden. Voor hen was en is de mens niets meer dan een uit te buiten slaaf. Zoals Prins

Metternich ooit zei: "Voor mij begint de mensheid bij de baronnen." Overigens, Metternich was Henry Kissinger's held en rolmodel. Deze oude families konden zo handelen omdat ze niet geloven in een echte, levende God! Het is waar dat ze van tijd tot tijd lippendienst bewijzen aan God en het christendom, zoals in het geval van de Britse koninklijke familie. Maar ze geloven niet dat God bestaat!

Meer dan dat, deze in elkaar grijpende macht van Oosterse gevestigde families, de Jezuïtisch-Schotse-Rosicruciaanse bankiersfamilies van Venetië, Londen, Genua, Boston, Genève, Lausanne, Bern, enz., haat met een bijna gewelddadige obsessie een mercantiele maatschappij gebaseerd op industriële groei en technologie, gebaseerd op industrieel kapitalisme.

De motiverende kracht, de raison d'être van een samenzwering voor een verenigde wereld zoals we die zien in zijn zichtbare elementen, via de Club van Rome, de Mont Pelerin Society, de Cini Foundation, de Bilderbergers, en de Trilaterale Commissie, de Royal Society for International Affairs, de Council on Foreign Relations en de Aquarians, is de vernietiging van de christelijke religie eerst, gevolgd door andere religies (vooral moslim) en het einde van de industriële groei, de vernietiging van de technologie en een terugkeer naar het feodalisme en de nieuwe donkere eeuw, allemaal vergezeld van de enorme bevolkingsvermindering die hun plannen vereisen, omdat de miljoenen "nutteloze eters" niet langer nodig zullen zijn in een postindustriële samenleving.

Mijn vele "primeurs" omvatten werk aan de Bellagio interreligieuze conferentie, het Global 2000 rapport, een onthulling van het bestaan van de meest geheime vrijmetselaarsloge, de Quator Coronati loge, en de Club van

Rome, nulgroei en een post-industriële samenleving; het complot om een heilige oorlog te ontketenen in Jeruzalem, te beginnen met een aanval op de Rotskoepel moskee.

Andere onthullingen zijn *Wie vermoordde President John F. Kennedy, De P2 Vrijmetselaars Samenzwering, Wie vermoordde Paus Johannes Paulus I*, de moord op Roberto Calvi en Haigs rol in de Israëlische invasie van Libanon. Vandaag de dag is de samenzwering van de Vrijmetselaars als dienaren van de Zwarte Adel en haar Amerikaanse "aristocratie" in volle gang. Zoals ik 20 jaar geleden voorspelde, zijn de staalindustrie, scheepsbouw, gereedschapsmachines en schoenenindustrie allemaal vernietigd; hetzelfde gebeurt in Europa.

Wat het Global 2000-verslag betreft: door de hongerende landen van Afrika voedsel te onthouden, zijn miljoenen zwarte Afrikanen gestorven. Duizenden zijn ook gestorven aan het HIV-AIDS virus. Beperkte oorlogen die wenselijk en noodzakelijk zijn verklaard door de aarts-satanist, vrijmetselaar Bertrand Russell en "Dr. Strangelove" Leo Szilard, en zijn duivelaanbiddende Shakti Ishtar cultus zijn aan de gang in Iran, Centraal-Amerika, Zuid-Afrika, het Midden-Oosten en de Filippijnen, enz.

Mijn antwoord is dat de Christelijke Bijbel zegt: "God keek naar hen (de pre-Adamieten) en zag dat zij niet voorspoedig waren." God stuurde ons om deze mensen te helpen hun functie op aarde te vervullen, wat dat ook moge zijn, en ik heb geen idee wat dat is, maar niet om ze te vermoorden. Szilard en zijn vriend, Bertrand Russell, betreurden het feit dat oorlogen niet genoeg mensen uit de weg hadden geruimd, zoals Russell beschrijft in zijn boek uit 1923, *Prospects of Industrial Civilization*, hieronder een uittreksel:

Socialisme, vooral internationaal socialisme, is als stabiel systeem alleen mogelijk als de bevolking stilstaat of bijna stilstaat. Een langzame toename kan worden opgevangen door betere landbouwmethoden, maar een snelle toename moet uiteindelijk de hele bevolking reduceren.

Russell's valse opvattingen zijn gebaseerd op satanische Malthusiaanse principes, die op hun beurt gebaseerd zijn op een haat tegen natiestaten, republicanisme en een gekapitaliseerde industriële staat die op een traditionele mercantiele basis opereert. In 1951 schreef Russell *The Impact of Science upon Society,* en hier volgen enkele van de belangrijkste ideeën die in dit boek worden aangehangen:

Oorlog is in dit opzicht tot nu toe teleurstellend geweest (d.w.z. bevolkingsvermindering), maar misschien zou een kiemoorlog effectiever kunnen blijken. Als een Zwarte Dood (de pest van de Middeleeuwen en HIV) zich eens per generatie over de wereld zou kunnen verspreiden, zouden de overlevenden zich vrij kunnen voortplanten, zonder de wereld te vol te maken. De stand van zaken is misschien onaangenaam, maar wat dan nog? Mensen van het hoogste kaliber zijn onverschillig voor geluk, vooral het geluk van anderen.

Russell, een zelfverklaarde vredestichter, was een valse profeet van de vrijmetselarij en de leider van CND, de Campagne voor Nucleaire Ontwapening.

Hij was de stem van de profeet van de Jezuïtische Oosterse gevestigde orde, een vrijmetselaar, een rozenkruiser en een lid van de zwarte Amerikaanse adel. Deze zelfbenoemde heersers van de wereld worden zo arrogant dat ze soms gewoon hun mond niet kunnen houden. Let maar eens op de verwijzing naar de Zwarte Dood die de wereld in de

Middeleeuwen teisterde.

De pest was geen "daad van God", want God is natuurlijk geen moordenaar, hoewel wij hem vaak de schuld geven van de dood van mensen, maar volgens mij, gebaseerd op 30 jaar onderzoek, was het een opzettelijke daad van de voorlopers van de huidige "Olympiërs", de "Club van 300". Het is geen vergezochte theorie.

Toegegeven, ik heb het nog niet bewezen, maar er zijn te veel aanwijzingen en strohalmen in de wind om te negeren. Net zoals Dr. Leo Szilard in de film *Dr. Strangelove* wordt afgeschilderd als fictie, werden de dodelijke virussen die de samenzweerders momenteel in hun bezit hebben en die worden afgebeeld in de film *The Andromeda Strain,* in die film ook afgeschilderd als fictie. Maar dit is geen fictie. Vergeet niet dat alchemisten en de zwarte adel al sinds de 14e eeuw medische experimenten uitvoeren.

De dodelijke virussen waartegen het wondermiddel myosine totaal niet werkzaam is, worden momenteel bij het CDC onder de hoogste beveiliging opgeslagen. In tegenstelling tot de officiële versie, zijn niet al deze virussen verbrand.

Dit zou u ervan moeten overtuigen dat mijn voorspellingen geen loze woorden zijn. We gaan in de 21e eeuw veel meer "zwarte plagen" zien - vreemde nieuwe plagen waarvan we niet weten hoe we ze moeten noemen, en dodelijker nieuwe stammen van cholera, malaria en tuberculose. Laat niemand zeggen dat we niet gewaarschuwd zijn voor de pandemieën die over de aarde zullen neerdalen en miljoenen mensen zullen meenemen. De doelstellingen van de "300" zijn immers duidelijk aangegeven. We hoeven maar te denken aan de woorden van Aurelio Peccei, oprichter van de Club van Rome, die in 1969 verklaarde:

"De mens is een kankergezwel voor de wereld".

HOOFDSTUK 19

IS DE VRIJMETSELARIJ VERENIGBAAR MET HET CHRISTENDOM?

Euwenlang heeft de vrijmetselarij getracht de beweging voor te stellen als volledig verenigbaar met het christendom. "Niets weerhoudt een vrijmetselaar ervan christen te zijn" is een van de oudste uitspraken van de vrijmetselarij. In dit boek zal ik proberen vergelijkingen te trekken tussen wat ik het nieuwtestamentische christendom noem en zijn meest geduchte vijand, de vrijmetselarij. Het bewijs dat ik heb kunnen verzamelen is voornamelijk afkomstig van familieleden van vrijmetselaars en ex-metselaars, die met mij hebben gesproken op voorwaarde dat zij niet worden geïdentificeerd. Zij die de eed van het vrijmetselaarsgeheim breken, weten dat de ultieme straf voor zo'n overtreding meestal de dood is.

Duizenden boeken zijn geschreven voor en tegen de Vrijmetselarij. De Katholieke Kerk heeft zich vastberaden en resoluut verzet tegen de Vrijmetselarij. De protestantse kerken zijn helaas niet zo eensgezind geweest tegen deze gevaarlijke vijand als zij hadden moeten zijn. Ik zal hier meer recente onderzoeken naar de vrijmetselarij behandelen. In 1952 stuitte ik op een zeer interessant boek genaamd *Darkness Visible* van Walton Hannah.

Dit boek is van onschatbare waarde voor iedereen die de sluier van geheimhouding die de vrijmetselarij zoveel eeuwen heeft beschermd, wil doorprikken. Dezelfde auteur, Walton Hannah, publiceerde later een artikel getiteld "Moet een Christen een Vrijmetselaar zijn?". Een vrijmetselaar binnen het Christendom, dominee R.C. Meredith, nam deze uitdaging voor de geheimen van de vrijmetselarij aan. Heel stoutmoedig daagde dominee Meredith de kerk uit te bewijzen dat een vrijmetselaar ook een christen kon zijn.

Meredith, die in Oxford studeerde, was actief in linkse kringen en nam deel aan diverse pro-linkse debatten, die in de jaren dertig erg populair waren. Dit was de periode in de Britse geschiedenis waarin het chic was om socialist te zijn, toen het Fabian-socialisme in volle gang was, toen het in de mode was om voor de Sovjet-Unie te werken, dezelfde periode die ons Bulwer, Lytton, Alfred Milner en Kim Philby gaf. De Milner groep ontwikkelde zich uiteindelijk tot wat nu bekend staat als het Royal Institute for International Affairs (RIIA).

Eerwaarde Meredith stelde moedig voor een Anglicaans kerkelijk onderzoek in te stellen naar de vrijmetselarij. Zijn voorstel aan de kerkvergadering van 1951 luidde:

> Gezien de grote publiciteit die aan het artikel van Walton Hannah is gegeven, is het noodzakelijk dat een commissie wordt benoemd, met onder haar leden personen die deskundig zijn op het gebied van de wetenschap van de vergelijkende godsdienst, om de verklaringen van de heer Hannah in dat artikel te onderzoeken, waarbij de aandacht van het Huis van Bisschoppen moet worden gericht op alles wat daarin wordt uiteengezet.

Het is zeer interessant op te merken dat Meredith de

vrijmetselarij, zelfs indirect, als een religie bestempelt. Meredith was er zo zeker van dat zijn resolutie zou worden aangenomen, en dat de vrijmetselarij zou worden vrijgesproken door de honderden vrijmetselaars in de Anglicaanse hiërarchie die machtige posities bekleden in de kerk, dat hij niet eens de moeite nam om beperkingen op te leggen aan het voorgestelde onderzoek. Dit was hoogst ongebruikelijk. Als vrijmetselaars de kerk toestaan hun geheime genootschap te onderzoeken, is dat meestal met de strengste beperkingen, zodat de uitkomst van het onderzoek een uitgemaakte zaak is: vrijmetselarij en de christelijke kerk zijn wel degelijk verenigbaar. Sinds de publicatie van het boek van Walton Hannah in 1952 is er op de verschillende Algemene Synodes van de Anglicaanse Kerk een groeiende bezorgdheid ontstaan over de ware aard van de vrijmetselaarseed, de noodzaak van geheimhouding als integraal onderdeel van de vrijmetselarij, de ware rol van de vrijmetselarij en de reikwijdte van haar algemene en geheime activiteiten. Degenen die het door de vrijmetselarij opgelegde zwijgslot willen doorbreken en haar duistere geheimen willen onthullen, citeren vaak generaal Ludendorf. Meer recentelijk is de vrijmetselarij beschreven als "een soort maffia" of "de enige manier om snel vooruitgang te boeken voor iedereen in handel of overheid".

Wanneer echte vooruitgang werd geboekt in deze richting, d.w.z. wanneer de onderzoeken van de Kerk succes leken te hebben, riepen de jakhalzen van de pers "heksenjacht". Om over de vrijmetselarij in haar ware licht te spreken, om het masker van het goedaardige gezicht van de vrijmetselarij af te rukken, werd een riskante onderneming. De vrijmetselarij heeft altijd op beschuldigingen van misbruik gereageerd met het excuus dat het "slechts één van de miljoenen slechte voorbeelden was van het goede dat zij doet".

De maffia en de sinistere aspecten van de vrijmetselarij zijn nooit openlijk besproken, en daarom was de vrijmetselarij zo brutaal over de resolutie van Meredith; zij wist dat deze zou worden aangenomen - en dat gebeurde ook. Stephen Knight's boek uit 1984, *The Brotherhood; the Secret World of Masonry*, werd onmiddellijk met dit soort reacties ontvangen. Critici, literaire en religieuze figuren beschreven dit uitstekende boek als "slecht onderzocht, vol onbevestigde gegevens".

Proberen de vrijmetselarij te beschrijven is een vervelende taak. Het is aantoonbaar de grootste broederlijke orde ter wereld, met een officieus lidmaatschap van bijna 3,5 miljoen alleen al in de Verenigde Staten. Meer dan 50.000 boeken en kortere werken zijn over het onderwerp geschreven sinds 1717, toen de Vrijmetselarij zich voor het eerst publiekelijk openbaarde.

Het heeft meer haat opgewekt dan enige andere seculiere organisatie in de wereld. Mormonen en katholieke mannen kunnen geen lid worden. Het is verboden in sommige landen. De vrijmetselarij werd illegaal verklaard door Hitler en Mussolini, en later door generaal Franco. De London Metropolitan Hierarchy is in essentie vrijmetselaar.

Er zijn vele koningen en potentaten onder de vrijmetselaars geweest: Edward VII, Edward VIII, Frederik de Grote, Koning Haakon van Noorwegen en Koning Stanislas van Polen zijn slechts enkele voorbeelden die mij te binnen schieten.

De presidenten van de Verenigde Staten die de vrijmetselaarseed aflegden waren: James Monroe, Andrew Jackson, James K. Polk, James Buchanan, Andrew

Johnson, James A. Garfield, Theodore Roosevelt, William Howard Taft, Warren C. Harding, Franklin D. Roosevelt, Harry S. Truman, Lyndon Johnson, Gerald Ford en Ronald Reagan.

Tot de vrijmetselaars op muziekgebied behoorden de componist van "St. Louis Blues" William Handy, John Philip Sousa, Gilbert en Sullivan, Sibelius en Wolfgang Amadeus Mozart, die werd vermoord omdat hij vrijmetselaarsgeheimen onthulde in "De Toverfluit".

Geen enkele recensent van Knight's boek wees erop dat de vrijmetselarij nooit gegevens bevestigt over haar duistere kant, haar slechte daden en haar invloed op de loop van de geschiedenis. Mazzini leek soms sommige van de kwaden en wandaden van de vrijmetselarij in de internationale geopolitiek te bevestigen, maar alleen in de historische context, gegevens die al bekend waren; altijd zinspelend op de invloed van de vrijmetselarij op deze gebeurtenissen, maar nooit bevestigend op een strikt wetenschappelijke manier.

Om Knight's bewering van ongepaste invloed in de hoogste echelons van de regering en de Metropolitan Police, met name binnen het Criminal Investigate Department (CID), en haar bewering dat meer dan 90% van haar detectives vrijmetselaars zijn, in diskrediet te brengen, werd een van de hoogste officieren van de Schotse Rite, Lord Hailsham, door de Grote Raad van Engeland uitgekozen om Knight's volkomen correcte beschuldigingen te weerleggen. De Lord Chancellor van Engeland schreef, gebruikmakend van de macht en majesteit van zijn ambt, een brief aan de krant *London Times waarin* hij Knight's uiteenzetting belachelijk maakte en kleineerde. Het patronaatsbureau van Hailsham was overvol met "bevoorrechte vrijmetselaars". Omdat iemand zo doorluchtig als Hailsham had geschreven aan de eerbiedwaardige instelling die The *Times is*, accepteerde het publiek dat Hailsham's ontkenningen namens de vrijmetselarij juist waren en dat Knight ongelijk had. Knight's gefundeerde beschuldigingen werden effectief weerlegd. Op deze niet zo subtiele manier beschermt de vrijmetselarij haar eigen mensen. Zeggen dat Knight geen bevestigde gegevens heeft gepresenteerd en daarom kan worden genegeerd, is een bewijs van de macht en alomtegenwoordigheid van de vrijmetselarij. Dit geldt evenzeer voor de Verenigde Staten van Amerika als voor Italië, Frankrijk en Duitsland.

Met het geval van Roger Hollis als bewijs van Knight's onnauwkeurigheid, noemt de Vrijmetselarij Hollis, hoofd van MI5 tijdens de Tweede Wereldoorlog, een Vrijmetselaar. Hollis was inderdaad een Vrijmetselaar, die vitale militaire geheimen aan de Sovjet Unie gaf. Hij was het onderwerp van een ingewikkelde poging van de Vrijmetselarij om de publicatie te onderdrukken van het werk van een andere goede auteur, Peter Wright, wiens boek de dubbelhartigheid van Roger Hollis blootlegde.

Hollis was een man die Amerikaanse en Britse militaire geheimen leverde aan de Sovjets, en hij was het grootste deel van zijn leven vrijmetselaar. Ik kan slechts kort ingaan op deze man en zijn verraad van de Verenigde Staten en Groot-Brittannië aan de Sovjet-Unie.

Omdat Wright niet in diskrediet kon worden gebracht door brieven aan The *Times*, probeerde het SIS 'James Bond' team hem het zwijgen op te leggen - voorgoed. Wright vluchtte naar Australië, waar hooggeplaatste personen hem beschermden. Wright deed al het mogelijke om zijn ontmaskering van Roger Hollis in Australië gepubliceerd te krijgen, maar de lange arm van de Schotse Vrijmetselarij kwam uit Groot-Brittannië en met de meest dubieuze en ingewikkelde redenering ging de procureur-generaal van Groot-Brittannië naar Australië om in de Australische rechtbanken te pleiten tegen de publicatie van het boek. Hoewel de vrijmetselarij dit ontkent en een gebrek aan bewijsstukken aanvoert om haar ontkenningen te ondersteunen, vertelde mijn meest betrouwbare bron bij de Britse geheime dienst mij dat de vrijmetselarij in Groot-Brittannië en Australië samenwerkten in een gezamenlijke poging om Wright te arresteren. Het boek zou worden gedrukt in Canada, en een paar maanden later in Australië. Deze keer slaagden de Vrijmetselaars er niet in om het uitkomen van de waarheid tegen te houden.

Ondertussen trotseerden drie kranten in Londen de Britse censuur en begonnen fragmenten uit Wrights boek te publiceren. Perscensuur in Groot-Brittannië wordt zeer effectief toegepast door middel van zogenaamde "D Notices". Als de minister van Binnenlandse Zaken van mening is dat een boek, verhaal of artikel schadelijk is voor de staat of niet in het belang van het land, krijgen uitgevers, tijdschriftredacteuren, kranten enz. een "D Notice" die hen verbiedt het verhaal in kwestie te publiceren. Als de "D notice" niet wordt nageleefd, heeft de procureur-generaal het recht de overtreders te vervolgen en de rechtbanken leggen gewoonlijk zware straffen op.

Dat is het recht op "vrijheid van meningsuiting" en "persvrijheid" dat in Groot-Brittannië wordt beschermd. Drie Londense kranten zijn in staat van beschuldiging gesteld omdat zij niet gehoorzaamden aan een "D notice" die zij hadden ontvangen om hen te verbieden het werk van Wright te publiceren. De procureur-generaal omschreef hun gedrag bij de uitoefening van hun recht op "persvrijheid" als een opzettelijke en flagrante schending van de wet. Al degenen die zich tegen Wright verzetten waren vrijmetselaars van de hoogste graad die een overleden vrijmetselaar van 33 graden wilden beschermen tegen totale ontmaskering. "Slecht gedocumenteerd, zonder bevestigde gegevens?" Mogelijk, maar feitelijke gebeurtenissen, die dan geschiedenis worden, kunnen zelden of nooit "bevestigd" worden.

We kennen allemaal de waarheid over de moord op John F. Kennedy, en het gedrag van zijn broer Edward bij Chappaquiddick. Maar de "bevestigde gegevens"? Die zitten de komende 99 jaar opgesloten in juridische dossiers en rechtbankverslagen! Zo werkt de gevestigde orde. De Vrijmetselaars zijn niet anders. Ze beschermen hun eigen mensen.

Neem het geval van de commissaris van politie van de stad Londen, James Page. De vrijmetselaars beweren dat zijn snelle promoties niet te danken kunnen zijn aan vrijmetselaarschap, omdat hij pas lid werd van de geheime broederschap nadat hij commissaris was geworden. Natuurlijk blijven logegeheimen logegegeheimen. Wie kan zeggen dat Page zich bij de Vrijmetselaars aansloot toen hij nog een jonge politieman was? Alleen 'in opspraak geraakte' ex-vrijmetselaars, die natuurlijk worden beschouwd als leugenaars of erger! Het lijkt erop dat Page, als we afgaan op een precedent, al lid was van de loge lang voordat hij politiecommissaris werd.

Dan is er het geval van de permanente agenten van de regering in het financiële hart van de wereld, de City of London. Knight en anderen, waaronder ikzelf, weten heel goed dat de meest invloedrijke leden ervan vooraanstaande vrijmetselaars zijn. Maar toen Knight deze mannen durfde te noemen, werd hem officieel geweigerd, niet dat ze geen vrijmetselaars waren, maar dat ze geen bijeenkomsten van de Guildhall Lodge hadden bijgewoond op de data die Knight noemde.

Vanwege hun hoge rang werden de vrijmetselaars eerder geloofd dan Knight, die vervolgens werd beschuldigd van "grove onnauwkeurigheden". Ik dwaalde af over het onderwerp "documentair bewijs en "bevestigde gegevens" tegenover vrijmetselaars in posities van grote macht en invloed, die de gelederen sluiten als ze worden aangevallen. "Feitelijke onjuistheden" is hoe leden van de Guildhall Lodge reageerden op de presentatie van de heer Knight over hoe de Broederschap van Vrijmetselaars de stad Londen - en Westminster, wat dat betreft - controleren.

Knight geeft een overtuigende uitleg over hoe de dossiers van Vrijmetselaars in Engelse Loges over de hele wereld zijn "verzegeld" tegen onderzoekers. In het geval van Roger Hollis waren de archieven van de Vrijmetselaars in het Verre Oosten gesloten voor zowel Knight als Wright en het was voldoende dat de Vrijmetselarij ontkende dat Hollis ooit een Vrijmetselaar was, zodat beide auteurs in diskrediet werden gebracht wegens "gebrek aan bevestigde gegevens". Het publiek is immers eerder geneigd Edward de hertog van Kent te geloven dan relatief onbekende auteurs. Als de vrijmetselarij in staat was Edward VII af te zetten en zijn ondergang aan mevrouw Wallis Simpson te wijten, was het betrekkelijk eenvoudig de werken van twee uitstekende auteurs te bestempelen als "feitelijk onjuist en zonder bevestigde gegevens".

Een ander zeer goed exposé van de vrijmetselarij is het door Walton Hannah geschreven en gepubliceerde exposé *Darkness Visible*, dat niet alleen door vooraanstaande leden van de vrijmetselarij onder de hiërarchie van de Anglicaanse kerk, maar ook door zogenaamde literaire critici en zelfbenoemde "deskundigen", die er zijn om de vrijmetselarij te verdedigen, zeer zwaar is aangevallen. Elk onderzoek naar de herkomst van door de vrijmetselarij gebruikte inwijdingsteksten en rituelen zou een levenswerk op zich zijn en zou waarschijnlijk zelfs dan door een verenigde en hechte broederschap van de vrijmetselarij worden bestempeld als een "gebrek aan bevestigde gegevens" tegen elke onthulling die haar imago zou kunnen schaden.

Mijn uitgebreide studie van de vrijmetselarij in de afgelopen dertig jaar heeft mij veel dingen geleerd over de "Broederschap", met name dat het volledig documenteren van zelfs de inwijdingseed, teksten en inwijdingsrituelen de gezamenlijke inspanningen zou vereisen van verscheidene werkelijk erkende deskundigen in vergelijkende godsdiensten. Door de aard van zo'n enorme onderneming heeft de Vrijmetselarij zich altijd kunnen hullen in een moeilijk te doorgronden geheimhouding.

Het is uiterst moeilijk een zaak op te bouwen tegen de sinistere broederschap. Velen hebben het met wisselend succes geprobeerd, maar in het algemeen kan worden gesteld dat ondanks tientallen opmerkelijke boeken waarin de vrijmetselarij wordt ontmaskerd voor wat zij is, de vrijmetselarij er relatief ongeschonden uit is gekomen.

Als we een opiniepeiling zouden houden, en niet deze politiek gemotiveerde, professioneel vervaardigde peilingen die politici helpen kiezen, heb ik reden om aan te nemen dat 70% van het grote publiek zou zeggen dat de vrijmetselarij een zorgzame vereniging is die veel goeds doet voor de gemeenschap!

In een debat tijdens de Anglicaanse kerkvergadering in 1951 werd duidelijk dat het "liefdadigheidswerk" van de vrijmetselarij voorop blijft staan in de indrukken die mensen van de vrijmetselarij hebben. Er zijn een aantal boeken die erop wijzen dat "liefdadigheidswerk", zoals straatcollectes voor diverse goede doelen, eigenlijk helemaal geen liefdadigheid is, omdat het publiek en niet de vrijmetselarij het geld geeft. Als vrijmetselaarsloges publiekelijk en regelmatig grote sommen geld aan goede doelen zouden geven, zou hun welwillende gezicht misschien niet het masker zijn dat het in werkelijkheid is. Het is waar dat de meeste geïnformeerde leden van het publiek zich nooit de vraag stellen "waarom laten wij toe dat zo'n geheim genootschap onder ons opereert en wat er zich achter zijn gesloten deuren afspeelt?

Het kan niet anders, want hoe kan de dame wier man naar loge-bijeenkomsten gaat, iets weten over de strikte geheimhoudingswetten van de vrijmetselarij, de Craft graden en de Royal Arch, om nog maar te zwijgen van het omerta-beleid. Als zij nieuwsgierig zou zijn en indringende vragen zou stellen, zou haar man haar alleen vertellen over de uitbundige banketten en liefdadigheidsacties, maar bovendien zou zij niets te weten komen. Geen wonder dat de publieke perceptie zo ver verwijderd is van de waarheid over wat vrijmetselarij werkelijk is!

HOOFDSTUK 20

WANNEER, WAAR EN HOE IS DE VRIJMETSELARIJ ONTSTAAN?

L iteratuur over vrijmetselarij vult de planken van de meeste openbare bibliotheken, behalve dat werken van auteurs die ongemakkelijk dicht bij de waarheid zijn gekomen niet beschikbaar zijn. Als je het de bibliothecaris vraagt, variëren de antwoorden van "we hebben het nooit gehad" tot "het is enige tijd geleden teruggetrokken".

Er zijn veel boeken die beweren te bewijzen dat er geen verband bestaat tussen de "moderne" vrijmetselarij, Koning Salomo en de Druïden. Deze "gespecialiseerde technische boeken over de vrijmetselarij", zoals een bibliothecaris ze mij omschreef, werpen altijd een smet op het verband tussen de vrijmetselarij en de oude Egyptische cultus van Isis, Dionysus enzovoort.

Zelfs Walton Hannah is als wetenschapper huiverig voor een volledige verbintenis. In zijn boek, *Christians by Degrees*, stelt Hannah:

> Als de moderne vrijmetselaars beweren dat zij de rentmeesters en hoeders zijn van de oude mysteriën waarvan zij de wettige erfgenamen zijn, kan alleen maar worden toegegeven dat er inderdaad opvallende parallellen en overeenkomsten zijn, zelfs in de feitelijke

tekens en symbolen; Symboliek is echter zeer moeilijk te specificeren en te dogmatiseren, en het is nauwelijks opmerkelijk dat de vrijmetselarij en de huidige vrijmetselaarsmysteries grote overeenkomsten vertonen met de oude mysteries en religies die veel punten gemeen hebben met de vrijmetselaarsmysteries.

Bibliotheken staan vol met boeken die proberen het verband tussen vrijmetselaars en rozenkruisers te ontkennen, terwijl de serieuze student van de vrijmetselarij weet dat het verband zeer sterk is. Sir Roger Besomt was een Hoge Graads Vrijmetselaar van de Egyptische Rite en het is een vaststaand feit dat hij zeker diep betrokken was bij Theosofie en Rozenkruisers. Neem bijvoorbeeld de Britse koninklijke familie. Veel van haar leden, waaronder prins Charles en de hertog van Kent, zijn betrokken bij het rozenkruiserschap. Niemand ontkent dat beiden Vrijmetselaar zijn. De vrijmetselarij heeft nooit een behoorlijk antwoord gegeven op de drie vragen: waar, waarom en wanneer is de vrijmetselarij ontstaan? De vrijmetselaars hebben altijd categorisch ontkend dat zij zijn opgericht om het christendom tegen te gaan en dat het geen religie was, maar hun ontkenningen zijn uitgeput, zoals we zullen beginnen te zien.

John Hamill, Master Apologist for Masonry, Bibliothecaris en Curator van de Grand Lodge Library and Museum, verklaart:

Moderne loges lijken sterk op die uit de 17e eeuw.

Zijn idee van de vrijmetselaarsgeschiedenis is als volgt:

De Grootloge van Engeland werd gevormd op 24 juni 1717, en een rivaliserende Grootloge van Ouderen werd formeel opgericht in 1751; en dat deze twee rivaliserende Grootloges zich verenigden op 27 december 1713 om de Verenigde Grootloge van Engeland te vormen, zoals wij die vandaag kennen.

Maar Hamill vertelt ons niet waarom een geheim genootschap nodig is.

- ❖   Wat is vrijmetselarij?
- ❖   Waarom proberen mannen haar te bereiken?
- ❖   Wat is de ware aard van de organisatie waarvan zij de verplichtingen moeten aanvaarden als zij toetreden?

Ondanks duizenden boeken die ons vertellen wat vrijmetselarij is, is er nog steeds veel dat we niet volledig weten. In het begin van de jaren 1850 publiceerde de Grootloge van Engeland een pamflet getiteld "What every candidate should know", waarin onder andere stond:

> De vrijmetselarij is een genootschap van mannen die historisch verbonden zijn met de middeleeuwse operatieve vrijmetselaars, aan wie zij hun particuliere herkenningsmiddelen, hun ceremonieel en veel van hun gebruiken ontlenen. Haar leden houden zich aan de oude beginselen van broederliefde (een marxistisch idee - JC), heil en waarheid, niet alleen onderling maar ook in hun betrekkingen met de wereld in het algemeen en door middel van rituele voorschriften en voorbeelden.

Als dit iets echt zinvols verklaart, ontgaat mij de ware betekenis ervan. Bibliothecaris Hamill probeert echter een meer gedetailleerde "verklaring" te geven door te zeggen:

> Kandidaten voor inwijding leren al heel vroeg in hun vrijmetselaarsloopbaan dat de fundamentele beginselen van de vrijmetselarij bestaan uit broederliefde,

wederzijdse hulp en waarheid.

Vervolgens probeert hij Marxisme gelijk te stellen aan broederliefde door te verklaren:

> Broederliefde in de zin van het bevorderen van tolerantie en respect voor de overtuigingen en idealen van anderen, en het opbouwen van een wereld die tolerantie respecteert samen met vriendelijkheid en begrip. Wederzijdse hulp, niet in de zin van een gift van geld alleen of daartoe beperkt, maar in de ruimste zin van het woord, de liefdadige gift van geld (maar nooit van hen - JC) van tijd en moeite om de gemeenschap als geheel te helpen. Waarheid in de zin van het streven naar hoge morele normen en het zo eerlijk mogelijk leiden van je leven - in al zijn aspecten. Eenvoudig gezegd leert een vrijmetselaar zijn plichten tegenover zijn God (welke God wordt niet gespecificeerd - JC) en de wetten van zijn land.

Een dergelijke absurde uitleg van de vrijmetselarij is helaas wat de meerderheid van het grote publiek gelooft. Wanneer men wijst op de meest opmerkelijke uitzonderingen van dit lichaam van zogenaamd nobele mannen, zoals de moraliteit van sommige van zijn hoogste aanhangers, zijn liefdadige geldelijke bijdragen die niet afkomstig zijn van de vrijmetselarij maar van overheidsgiften, zijn minachting voor de wet van het land, d.w.z. de Franse en bolsjewistische revoluties, krijgt men categorische ontkenningen, of, zoals in het geval van Roberto Calvi, met het feit dat dit een "opmerkelijke uitzondering" is die zich waarschijnlijk eens per eeuw voordoet! Alle woordvoerders van de vrijmetselaars ontkennen dat het geheime genootschap een religie is. In 1985 publiceerde het bestuur van de Algemene Doeleinden van de Verenigde Grootloge een pamflet met de titel *Vrijmetselarij en religie*.

De Commissie stelt onder meer het volgende:

> Vrijmetselarij is noch een religie noch een substituut voor religie. De vrijmetselarij heeft niet de basiselementen van een religie, maar zij staat verre van onverschillig tegenover religie.
>
> Zonder zich te mengen in de religieuze praktijk, verwacht zij dat ieder lid zijn of haar eigen geloof volgt en zijn of haar plicht aan God boven alle andere plichten stelt, hoe die God ook heet. De vrijmetselarij steunt dus de religie.

Een Grand Lodge werkgroep verklaarde verder:

> De vrijmetselarij weet dat haar rituelen niet hetzelfde zijn als het praktiseren van een religie.

Het is moeilijk een brutalere en schaamtelozer leugen te bedenken. De vrijmetselarij is niet alleen een religie, het is ook en vooral een antichristelijke religie die erop gericht is het christendom te vernietigen.

❖ Hoe kan de vrijmetselarij rechtvaardigen dat zij beweert een niet-religie te zijn, wanneer haar rituelen zijn gecentreerd en gebaseerd op altaren, tempels en aalmoezeniers?
❖ Waarom worden in het ritueel van de wedijver van de eerste graad gebeden gereciteerd, zoals het gebed dat in de vrijmetselaarsliteratuur uitdrukkelijk als zodanig wordt aangeduid?

Laten we eens kijken naar dit "niet-religie" gebed:

> Verleen Uw hulp. Almachtige Vader en Opperste Gouverneur van het Universum, aan onze huidige Conventie en geef dat deze kandidaat voor de

Vrijmetselarij zijn leven toewijdt aan Uw dienst om een ware en trouwe broeder onder ons te worden. Geef hem de vaardigheid van Uw goddelijke wijsheid, zodat hij, geholpen door de geheimen (nadruk toegevoegd) van onze vrijmetselaarskunst, beter in staat zal zijn de schoonheden van ware goedheid te tonen ter ere en glorie van Uw Heilige Naam.

Als het geen religie is, dan is niets in deze wereld dat! De vraag die beantwoord moet worden is "wat voor soort religie is de Vrijmetselarij?".

In de tweede graad is er een echt gebed, dat als volgt is geformuleerd:

> Wij smeken Uw voortdurende hulp, genadige Heer, namens ons en namens hen die voor U knielen. Moge het in Uw Naam begonnen werk tot Uw glorie worden voortgezet en steeds vaster in ons worden gevestigd door gehoorzaamheid aan Uw voorschriften.

Het feit dat de God waartoe de vrijmetselaars bidden Satan is, wordt zorgvuldig verborgen gehouden voor alle vrijmetselaars, behalve voor degenen die de 33ste graad bereiken! De naam van Jezus wordt altijd heel specifiek uitgesloten. Zoals Christus onze Heer zegt in zijn Evangeliën:

> Wie niet voor mij is, is tegen mij.

Er is nog een derdegraadsgebed dat de zegen van God en de Hemel over het nieuwe lid inroept:

> Almachtige en eeuwige God, architect en meester van het universum, door wiens scheppende wil alle dingen zijn gemaakt.

De vrijmetselarij is zeer voorzichtig in die zin dat zij weliswaar ruim gebruik maakt van christelijke gebeden, die gemakkelijk als zodanig herkenbaar zijn, maar iedere christelijke verwijzing nauwgezet vermijdt. Door deze merkwaardige actie om de naam van Christus uit haar "gebeden" uit te sluiten, ontkent de vrijmetselarij het bestaan en de autoriteit van Jezus. Als het, zoals de Vrijmetselaars beweren, geen religie is, zoveel te beter; maar waarom christelijke gebeden kopiëren en de naam van Christus absoluut verwijderen? Geeft zulk gedrag niet aan dat de Vrijmetselarij anti-Christ is?

Ik ben er vast van overtuigd dat de vrijmetselarij een antichristelijk gedrag vertegenwoordigt, en bovendien is dit het antwoord op de vraag "waarom" de vrijmetselarij überhaupt is opgericht! Ter ondersteuning van mijn bewering dat de vrijmetselarij een antichristelijke religie is, bied ik de openingsceremonie van het Koninklijk Booggebed aan, die als volgt gaat:

> Almachtige God, voor wie alle harten openstaan en alle verlangens bekend zijn, en voor wie geen geheim verborgen is, zuiver de gedachten van ons hart door de inspiratie van uw Heilige Geest, zodat wij u volmaakt kunnen liefhebben en grootmaken.

Elk lid van de Anglicaanse kerk zal dit volledig christelijke gebed onmiddellijk herkennen. De betekenis van dit specifieke "vrijmetselaarsgebed" is dat de zeer belangrijke woorden "door Jezus Christus onze Heer" zijn weggelaten.

Christus zei dat zij die Hem ontkennen, anti-Christ zijn. Door de naam van Christus uit dit gebed te verwijderen, tonen de Vrijmetselaars hun minachting voor Christus. Zij moeten daarom gerekend worden tot Satans anti-Christus krachten.

De slotceremonie van de Royal Arch maakt ook gebruik van een bekend christelijk gebed, namelijk "Eer aan God in den hoge op aarde, vrede aan de mensen van goede wil", maar verzuimt te vermelden dat deze woorden afkomstig zijn uit het Evangelie van Onze Heer Jezus Christus. Naar mijn mening en naar de mening van vele serieuze studenten van de vrijmetselarij ontkrachten de voorgaande voorbeelden van religieuze activiteit de bewering van de vrijmetselarij dat zij geen religie is, en bewijzen zij de wereld dat zij dat wel is.

De Grootloge reageerde op een uitdaging van mij door te zeggen:

> ... Aangezien de vrijmetselarij noch een religie is, noch een vervanging daarvan, is er geen reden waarom de naam van Christus in haar rituelen zou moeten worden genoemd.

Het antwoord op deze ontkenning is zeker het stellen van een andere vraag: "Als het juist is wat u zegt, dat de vrijmetselarij geen godsdienst is, waarom hebt u dan gebeden uit de christelijke Bijbel overgenomen, waarom verwijst u voortdurend naar tempels en altaren, en waarom ontkent u, terwijl u zinnen uit de christelijke Bijbel gebruikt, het bestaan van Jezus Christus zelf door zijn naam te schrappen uit elk gebed dat u van hem hebt overgenomen?" Er bestaat nooit enige twijfel over dat de "gebeden" van de vrijmetselaars vaak gebaseerd zijn op christelijke liturgieën. Waarom ontkent de vrijmetselarij dan dat zij een religie is, en waarom schrapt de vrijmetselarij ijverig de naam van Christus uit haar van christenen overgenomen gebeden?

Gebeden zijn een integraal onderdeel van de vrijmetselaarsrituelen, dus hoe kan de vrijmetselarij ontkennen dat zij een religie is? Vrijmetselaars beweren dat hun gebeden geen element van aanbidding bevatten. [6]Toch wordt de leider van de ceremonie "Worshipful Master" genoemd en ik laat het aan u over om te beslissen of de door mij geciteerde vrijmetselaarsgebeden geen daden van aanbidding zijn? Niemand, met de mogelijke uitzondering van Alice in Wonderland, kan geloven dat vrijmetselaarsgebeden iets anders zijn dan "aanbidding". Wat een ander belangrijk punt oproept?

Zelfs als het aandringen van de Vrijmetselaars op een dergelijk onderscheid tussen "gebed", "aanbidding" en "niet-religie" aanvaardbaar zou zijn, wat duidelijk niet het geval is, dan nog is het opzettelijk weglaten van de naam van Christus en de evangeliën van Jezus Christus, waaraan hun "gebeden" zijn ontleend, evenals het weglaten van het fundamentele christelijke geloof dat niemand tot God kan komen behalve door onze Heer Jezus Christus, een belediging voor de christelijke godsdienst.

Ze ontkennen de goddelijkheid van Christus. Daar bestaat geen twijfel over. Hoe kunnen mensen die beweren Christen te zijn, ook Vrijmetselaar zijn? Christus zei dat "je geen twee meesters kunt dienen". Door het vrijmetselaarsritueel te aanvaarden, ontkennen de vrijmetselaars in feite ook Zijn bestaan. Hieruit volgt dat men niet voor Hem kan zijn, terwijl men tegen Hem is!

Het is absoluut onmogelijk voor de vrijmetselarij om te ontkennen dat zij "noch een religie noch een substituut voor

---

[6] Worshipful Master, NDT.

religie" is. Het bewijs van het tegendeel is overweldigend! Evenmin kunnen de verdedigers van de vrijmetselarij het bewijs leveren dat zij, door de naam van Christus uit te sluiten, Hem niet verwerpen, want dit is niet eenvoudigweg een opzettelijke uitsluiting, maar een opzettelijke belediging door weglating. Vrijmetselaars vertellen ons dat "onze gebeden geen daden van aanbidding zijn, maar slechts een verzoek om een zegen bij de opening van onze rituelen en een dankwoord aan het eind voor de ontvangen zegeningen". Hoe verschilt dit van religieuze aanbidding?

Het is duidelijk dat dit niet het geval is! In vrijmetselaarsrituelen wordt voortdurend de naam van God aangeroepen, vaak in onderscheidende termen, zoals Grote Architect van het Universum (zoals in de Eerste Graad); Grote Landmeter (Tweede Graad); de Allerhoogste, de Almachtige en de Eeuwige God (Derde Graad); het Opperwezen. GAOL) (Grote Architect van het Universum). Wie zijn deze Goden?

Vereert de Vrijmetselarij een Opperwezen, of zoals zij soms zegt, alleen een geloof in een Opperwezen? Er zouden geen vrijmetselaarsrituelen zijn zonder de implicatie van een goddelijke naam. Het vrijmetselaars pamflet waarnaar ik hierboven verwees, *Freemasonry of Religion*, gepubliceerd door de Masonic Board for General Purposes, verdoezelt de vrijmetselaarsgod door te stellen:

> Vrijmetselaars komen samen met een gedeeld respect voor het Opperwezen, dat oppermachtig blijft voor hun respectieve individuele religies, en het is niet de rol van de vrijmetselarij om religies te verenigen.

Aangezien de westerse wereld christelijk is, of sommigen dat nu leuk vinden of niet, moet de vrijmetselarij grote problemen hebben met een neutrale interreligieuze dienst. Als christenen kunnen wij niet ontsnappen aan de essentie van onze godsdienst, namelijk dat Christus bij uitstek de Zoon van God is. De vrijmetselarij beweert dat zij andere religies niet wil "beledigen". Hoe kan zij dit doen als zij de naam van Christus uitsluit? Sluit zij die uit om de joodse exclusivistische vrijmetselarij van B'nai Brith (Zonen van het Verbond) niet te beledigen? Al honderden jaren probeert de vrijmetselarij andere religies niet te "beledigen", maar zij aarzelt niet om christenen te beledigen door de naam van Christus uit haar rituele gebeden uit te sluiten.

Interreligieuze" diensten kunnen alleen slagen als het christendom op de achtergrond blijft. Hieruit volgt, dat Christenen geen Vrijmetselaar kunnen zijn; zij moeten ofwel de devaluatie van het Christendom goedkeuren, ofwel ontslag nemen uit de Vrijmetselarij. Voordat de vrijmetselaars de verheven hoogten van de hogere graden bereiken, geloven velen dat wanneer zij bidden, zij bidden tot de God van hun religie. Maar wanneer zij eenmaal de "closed shop" van de vrijmetselaarshiërarchie hebben bereikt, bestaat er geen twijfel over dat hun gebeden uitdrukkelijk tot Satan zijn gericht.

Het christendom heeft geen geheimen! Iedereen die kan lezen kan het blijde evangelie van het goede nieuws van de komst van de Messias lezen. Waarom vinden Vrijmetselaars geheimhouding zo noodzakelijk? De vrijmetselaars geloofsbelijdenis en bijbehorende rituelen staan vol met "geheime wachtwoorden".

Waarom zou dat zo zijn, tenzij het bedrog is? We horen zo vaak "samengestelde woorden", "Ik ben en ik zal zijn".

De vrijmetselarij zegt dat zij niet verplicht is het christendom te steunen. Waarom leent de vrijmetselarij dan zoveel van de kenmerken van het christendom als zij het niet steunt? De Heilige Ark ceremonies, misschien meer dan enige andere ceremonie, gebruiken "heilige woorden". Het middelpunt van de ceremonie van de Heilige Ark is het voetstuk - het altaar - waarop de "heilige woorden" staan. Het is duidelijk dat, ondanks haar protesten van het tegendeel, de vrijmetselarij een religie is wanneer de declamatie van de heilige woorden plaatsvindt. Hier staat buiten kijf dat de vrijmetselarij een religie is die tegenover het christendom staat.

Laten we eens kijken naar het Koninklijke Boog Ritueel, dat het hoogtepunt is van wat bekend staat als "ambachtelijke vrijmetselarij".

> Het is nauw verweven met alles wat ons het meest dierbaar is in een toekomstige staat van bestaan; goddelijke en menselijke zaken zijn zo vreselijk en zo minutieus met elkaar verweven in al haar verhandelingen. Haar doel is de deugd, haar object de glorie van God, en het eeuwige welzijn van de mens wordt beschouwd in elk deel, elk punt en elke letter van haar onuitsprekelijke mysteries. Het volstaat te zeggen dat het is gebaseerd op de Heilige Naam, J----h, die vanaf het begin van de geschiedenis van de mensheid één en dezelfde was, nu is en altijd zal blijven, het Wezen dat noodzakelijkerwijs in en door zichzelf bestaat in al zijn effectieve perfectie, oorspronkelijk in zijn essentie.

Deze hoogste graad inspireert haar leden met de hoogste ideeën van God, leidt hen tot de zuiverste en meest vrome vroomheid, tot de verering van de onbegrijpelijke J----h, de eeuwige heerser van het universum, de elementaire en oerbron van al zijn principes, de oorsprong en bron van al zijn deugden.

Het "mysterie" woord "J----h" is Jabulon, een "heilige" naam. Het is een samengesteld woord dat verwisselbaar is met Jehovah.

Het lijdt geen twijfel dat de vrijmetselarij een religie is met als voornaamste functie het vormen van een geheime tegenmacht voor de christelijke religie, een revolutionaire orde die in staat is politieke gebeurtenissen te beheersen.

HOOFDSTUK 21

VRIJMETSELARIJ EN HET BRITSE KONINGSHUIS

Daarnaast ontdekken we dat de vrijmetselarij zogenaamde christelijke graden kent, zoals het Rode Kruis van Constantijn, het Rozenkruis, dat zeer belangrijk is in de vrijmetselaarslegendes.

Om de rang van Rozenkruiser (waarvan de Britse koninklijke familie lid is) te verkrijgen, moet men lid zijn geweest van de zeventien graden van de Ancient Accepted Rite of Freemasonry. De hertog van Connaught en de hertog van Kent zouden lid zijn van beide orden. De hertog van Connaught was twintig jaar lang Meester van de Grootloge van Engeland. Andere leden van de Koninklijke familie van deze loge zijn Edward VII.

Volgens een brief van de Groot Secretaris van 5 augustus 1920 waren George I en George III, die koning was ten tijde van de Amerikaanse Revolutie, beiden lid van de Grootloge van Engeland. Volgens bovengenoemde brief:

> ... Iedereen die toetreedt tot de Vrijmetselarij wordt van meet af aan verzocht geen enkele daad goed te keuren die de vrede en de goede orde van de samenleving zou kunnen verstoren.

Dit is verbazingwekkend als je bedenkt dat de graaf van

Shelburne, een lid van de Grootloge, Danton en Marat opleidde, voordat hij hen naar Frankrijk stuurde om de chaos van de Franse Revolutie te zaaien. Lid zijn van de Grootloge redde koning Edward VII niet, toen zijn collega-vrijmetselaars besloten zich van hem te ontdoen in plaats van het risico te lopen niet in oorlog te komen met Duitsland in 1939. Ook hier valt de sterke verwijzing naar religie op. "Elke Engelse loge wordt bij de inwijding gewijd aan God en aan zijn dienst; niemand kan vrijmetselaar worden voordat hij zijn geloof in het Opperwezen heeft uitgesproken", schreef de secretaris-generaal in 1905. In 1938 ging de vrijmetselarij opnieuw in het offensief vanwege de groeiende bezorgdheid over haar activiteiten. Ook hier stond het geloof in het Opperwezen voorop.

De Secretaris-Generaal verklaarde in zijn verklaring van 1938:

> De Bijbel ligt altijd open in de Loges. Het wordt het Boek der Heilige Wet genoemd. Elke kandidaat moet zijn adhesie op dit boek smeden, of op het boek dat volgens zijn geloofsovertuiging heiligheid verleent aan een eed of belofte die op dit boek is afgelegd.

Dit betekent dat de Bijbel waarschijnlijk niet het enige "heilige boek" is dat wordt tentoongesteld. De Bijbel heeft een louter decoratief doel en is er voor de leden van de lagere graden (eerste tot en met vierde). Zoals alle serieuze studenten van de vrijmetselarij weten, raakten geheime genootschappen in de mode in de 17e eeuw, op dezelfde manier als het in de mode was om socialist te zijn aan het eind van de jaren twintig en het begin van de jaren dertig. Tot april 1747 marcheerden de vrijmetselaars nog in de straten van de stad, maar op bevel van de Grootmeester gingen ze ondergronds. Al in 1698 werd een pamflet met de titel "Aan alle godvruchtigen in de stad Londen" verspreid, waarin de lezers werden opgeroepen zich niet het zwijgen op te laten leggen:

> Pas op dat hun geheime ceremoniën en eden u niet in beslag nemen en dat niemand u van de vroomheid afbrengt, want deze duivelse sekte komt in het geheim bijeen. Men moet inderdaad op geheime plaatsen en met geheime tekenen bijeenkomen en ervoor zorgen dat niemand ze waarneemt om het werk van God te volbrengen.

Naar welke "geheimen" verwees de brochure? Toen waren het dezelfde als nu: tekens, handdrukken en woorden om het lidmaatschap aan te tonen. Deze geheime tekens zouden afkomstig zijn van de middeleeuwse metselaars, die zwoeren hun vaardigheden nooit aan "vreemden" door te geven en die door bepaalde handdrukken enz. als ambachtsgenoten werden herkend. Er is niets veranderd. Hoewel het onwaarschijnlijk is dat steenhouwers tegenwoordig lid zijn van de vrijmetselarij, blijven hun handdrukken het voornaamste teken van herkenning. Maar de hedendaagse vrijmetselarij is meer dan dat; het is een zeer sinister geheim genootschap waarin de leden geheimhouding beloven door dodelijke eden van de meest angstaanjagende soort.

Het is duidelijk dat geen enkel christelijk genootschap een zwijgplicht zou opleggen door zijn leden te bedreigen met een gruwelijke dood als de code wordt overtreden. De vrijmetselarij kan de leden van de lagere graden doen geloven dat zij gebaseerd is op het christendom, maar in 1723 zei Dr. James Anderson, een Presbyteriaanse vrijmetselaar:

Daarom werd het passender geacht om hen (de leden van de Broederschap) te verplichten deze religie aan te hangen die alle mensen goedkeuren, en hun bijzondere opvattingen aan zichzelf over te laten.

In 1813 verklaarde de Grootloge haar standpunt als volgt:

Welke godsdienst of wijze van aanbidding iemand ook heeft, hij is niet uitgesloten van de orde, mits hij gelooft in de glorieuze architect van hemel en aarde en de heilige plicht van de moraal in praktijk brengt.

Zo ontstond een globale visie op religies, die volledig in oorlog is met het christendom.

Dit concept is antichristelijk omdat het veronderstelt dat alle religies kunnen worden samengevat in een overkoepelend concept van de Grote Architect. Christus heeft deze benadering specifiek veroordeeld.

We kunnen dus concluderen dat de vrijmetselarij niet verenigbaar is met het christendom en dat het inderdaad een religie is die haaks staat op het christendom.

In 1816 werd alles wat van de christelijke godsdienst in de vrijmetselarij zou kunnen bestaan, onderdrukt om het concept van een universele God te bevorderen, waardoor mannen van alle godsdiensten aan de rituelen van de loges konden deelnemen. Dr. James Anderson, de presbyteriaanse predikant naar wie ik zojuist verwees, voerde de "herstructurering" van de vrijmetselaarsrituelen in Engeland uit:

Geloof in de G(reat) A(rchitect) O(f) T(e) U(niversum) en zijn geopenbaarde wil is een essentiële kwalificatie voor lidmaatschap.

De vrijmetselarij stelt dat zij nooit mensen uitnodigt of vraagt om lid te worden. Het boekje *Information for the Guidance of Members*, dat elke nieuwe vrijmetselaar ontvangt, vermeldt (blz. 22):

De kwestie van het ongepast werven van kandidaten is bij vele gelegenheden aan de orde gesteld en de Raad meent dat een verklaring hierover nuttig zou zijn. Er is geen bezwaar (nadruk toegevoegd) tegen een neutraal geformuleerde benadering van een man die als een geschikte kandidaat voor de vrijmetselarij wordt beschouwd. Er is geen bezwaar tegen dat hij eraan wordt herinnerd, zodra de benadering is gemaakt (nadruk toegevoegd).

Vrijmetselaars werven dus niet alleen nieuwe leden, maar als ze eenmaal benaderd zijn, worden ze "teruggeroepen". De brochure gaat verder:

De potentiële kandidaat moet dan zonder verder verzoek zijn eigen beslissing kunnen nemen.

Dit advies over het werven van nieuwe leden werd oorspronkelijk op 9 december 1981 door de Raad voor Algemene Zaken aangenomen. Wanneer een inwijdingskandidaat tekent dat hij uit vrije wil is toegetreden, is dit dus niet altijd waar. Eenmaal ingewijd is het voor een ijverige vrijmetselaar mogelijk om van Leerling tot de derde graad van "Meester Vrijmetselaar" op te klimmen.

Deze mannen worden zorgvuldig gecontroleerd als mogelijke kandidaten voor de hogere geheimen, waar de echte waarheid over de vrijmetselarij ligt. Maar de overgrote meerderheid van de Vrijmetselaars wordt nooit verder "verheven" dan de derde of vierde graad. De eerste drie graden vertegenwoordigen zeker het grootste deel van het lidmaatschap van de Vrijmetselarij. De zogenaamde hogere graden zijn ook bekend als de "extra graden", van Secret Master tot Grand Inspector General, en in Engeland worden zij gecontroleerd door hun eigen Supreme Council die zetelt in Duke Street, St James London (een van de vele "Grace and Favor" huizen die eigendom zijn van de Koningin van Engeland).

Inwijding in deze graden staat open voor door de Hoge Raad geselecteerde Meesters. Deze meestermetselaars worden in het algemeen zeer vroeg "gespot" door de Geheime Meester, die voor dit doel "incognito" verschillende vergaderingen van de loge bijwoont. Slechts een onbeduidend aantal vrijmetselaars die verder gaan dan de derde graad, slagen erin de 18 tussenliggende graden, Ridder van de Pelikaan en de Adelaar, en Soeverein Prins Rozenkruis van Erfelijkheid, te bereiken. Naarmate deze weinigen verder gaan, neemt het aantal uitvallers toe.

De 31e graad (Groot Inspecteur Inquisiteur Commandant) is beperkt tot 400 leden. Op dit niveau wordt het ware karakter van de vrijmetselarij voor tweederde blootgelegd. De 32 graad van Sublime Prince of the Royal Secret telt slechts 180 leden en de 33 graad van Grand Inspector General, die de hoogste graad heeft, is beperkt tot 75 leden. Deze cijfers gelden natuurlijk alleen voor Groot-Brittannië. Wanneer een vrijmetselaar de 33 graad bereikt, is hij klaar om elke taak uit te voeren die hem kan worden opgedragen.

Oorlogen en revoluties zijn slechts een deel van het spel. Oorlog tegen God" en "oorlog tegen het Christendom" zijn twee van de favoriete kreten van de 33 Graden Vrijmetselaars wanneer zij in het geheim bijeenkomen. De 4 tot 14 graden worden in één keer en alleen in naam toegekend tijdens een speciaal daarvoor gehouden ritueel.

De 18e graad, de 19e en de 29e worden gegeven tijdens de 30e graad inwijdingsplaats. Dit is om de geselecteerde kandidaten te dwingen door te gaan met "vooruitgang". De 30 Graad is die van Groot Ridder Kies Kadosh of Ridder van de Zwarte en Witte Adelaar.

De drie graden vanaf 31 worden afzonderlijk verleend. De vrijmetselarij moet ervoor zorgen dat een kandidaat klaar is om een ladder te beklimmen die hem voorheen onbekend was!

HOOFDSTUK 22

ONSCHADELIJK METSELWERK

Geen enkele vrijmetselaar mag verder gaan dan de 18e graad zonder de unanieme toestemming van de Hoge Raad. De eerste, tweede en derde graad kunnen worden omschreven als "ongevaarlijke vrijmetselarij", want excessen, zowel fysiek als geestelijk, complotten tegen regeringen, haat tegen Christus en het christendom worden nooit onthuld aan vrijmetselaars beneden de 25 graad. Het is niet verwonderlijk dat de vrijmetselaars van de derde graad en het grote publiek dit meest geheime orgaan van onze vereniging beschouwen als een louter filantropisch genootschap, gewijd aan het welzijn van de gehele mensheid.

De meeste leden van de vrijmetselarij doen niet veel moeite om uit te zoeken wat er in de zogenaamde "hogere graden" van de Ancient and Accepted Rite gebeurt. Als en wanneer zij dat doen of kunnen doen, zullen zij, vooral christenen, wellicht in afschuw terugdeinzen en hun lidmaatschap van de vrijmetselarij opgeven. Twee voorbeelden van mannen die de waarheid over de vrijmetselarij ontdekten en deze verlieten, en hun angstige reacties op waar zij bij betrokken waren geweest, zijn te vinden in brieven die zij schreven aan hun respectievelijke kerken nadat zij uit de vrijmetselarij waren verbannen. Uiteraard kan hun identiteit niet bekend worden gemaakt uit angst voor represailles:

Lange tijd heb ik als christen de vrijmetselarij krachtig verdedigd, omdat ik dacht dat ik haar filosofieën en voorschriften - zogenaamd gebaseerd op de leer van moraal en naastenliefde - kon verenigen met het christendom. Maar nadat ik tot de allerhoogste graden was verheven, zag ik hoe blind ik was geweest, en hoe effectief de vijand zijn wapens van subtiliteit en rationaliteit gebruikt om mij te verblinden. Het was in de hogere graden dat ik het ware kwaad en de verschrikkingen van de vrijmetselarij ontdekte.

Gods geest opende mijn geestelijke ogen en liet me zien wat ik deed. Ik was gebonden aan het kwaad en had het me niet gerealiseerd. Het was de moeilijkste zaak van de wereld om in zijn slaap en tijdens zijn gebedstijden niet "diep gestoord te worden door obscene seksuele beelden". Zijn onderbewustzijn was diep doordrongen van gevoelens van bloeddorst en de moord op mijn familie en geliefden.

De man was een stabiele, volwassen en evenwichtige persoon, zonder voorgeschiedenis van geestelijke stoornissen of seksuele aberraties van welke aard ook (medisch deskundigenonderzoek ter ondersteuning hiervan). Omdat hij zich bedreigd voelde, onderging hij een therapie waarbij duidelijk werd dat de seksuele beelden, het bloed en de messen nauw verbonden waren met de symbolen van de vrijmetselarij, en dat het bloed en het mes waarmee hij in de verleiding kwam leden van zijn familie te doden, verbonden waren met de eden van de vrijmetselarij. Na een intensieve behandeling en handoplegging door bevoegde priesters van de Anglicaanse kerk en vermaningen in de naam van Jezus, verdwenen de verontrustende beelden zodra hij de vrijmetselarij verliet, en deze beelden en gevoelens zijn nooit meer teruggekomen.

De eden van de Vrijmetselarij zijn zeer zorgvuldig verborgen voor "buitenstaanders". De laatste jaren heeft de Vrijmetselarij nog meer zorg besteed aan het goed verborgen houden van de dodelijke straffen voor het schenden van de eden. In de eerste graad gelden de volgende regels: Verplichting. Fysieke straf achterwege gelaten. Met andere woorden, er zijn nu geen geschreven straffen voor fysieke straf. Ze worden nu voor uitvoering toevertrouwd aan de Hogere Graden vanaf (18 Graad). Maar ik heb ten minste een deel van de schriftelijke bedreiging voor "lichamelijke bestraffing" ontdekt, die als volgt wordt beschreven:

> Mijn broeder, door je zachte en openhartige gedrag van vanavond ben je symbolisch ontsnapt aan twee grote gevaren, maar er was nog een derde, die je traditiegetrouw zou hebben opgewacht tot de laatste periode van je bestaan. De gevaren waaraan je bent ontsnapt zijn die van de S en de ct. Er was ook die ct met een N die om je N heen loopt en die elke poging om je terug te trekken fataal zou hebben gemaakt.

Het lijdt weinig twijfel dat de woorden "met een lopende N" dood door ophanging betekenen, zoals Roberto Calvi te laat ontdekte. Vonnissen worden altijd zo beschreven. In een andere prent vond ik het volgende:

> Op de symbolische straf die ooit in de (nu goed verborgen) verplichting in deze graad was opgenomen, als hij de hem toevertrouwde geheimen op onbehoorlijke wijze had prijsgegeven, wat inhield dat een FCFM als man van eer liever de Iblo, thtt en gttrbs van ta of d bts of tap had gehad.

(Niemand anders dan de 33 graden vrijmetselaar kent de betekenis van deze symbolen). Men kan zich de straffen in deze brieven alleen maar voorstellen. Een van de meest angstaanjagende straffen die ik tegenkwam voor het breken van vrijmetselaars eed was deze:

> Ik zweer plechtig dat ik al deze punten in acht zal nemen, zonder enige terughoudendheid of voorbehoud, onder een niet minder strenge straf, in geval van schending van een van deze punten, dat u in tweeën wordt gesneden, dat uw ingewanden tot as worden gereduceerd.., en dat deze as wordt uitgestrooid over de aarde, en gedragen door de vier windstreken van de hemel, zodat geen spoor of herinnering van zo'n verachtelijke stakker ooit nog kan worden gevonden onder de mensen, vooral onder Meester Vrijmetselaars.

Wanneer een eerbiedwaardige meester wordt opgericht en geïnstalleerd, wordt hij gewaarschuwd voor de straf die zeker zal volgen als hij zijn eden en geloften breekt:

> Laat je rechterhand afhakken en op je linkerschouder leggen om te verwelken en te vergaan.

Tijdens de verheffingsceremonie in de Koninklijke Boog der Vrijmetselarij wordt de ingewijde duidelijk gewaarschuwd dat de straf op de verplichting is "het verlies van het leven te ondergaan door zijn hoofd te laten afrukken". Tegenwoordig komen dergelijke directe uitspraken niet meer voor. In plaats daarvan worden straffen gekoppeld aan symbolen en letters. Dit gebeurt pas sinds 1979, toen de Grootmeester verklaarde dat het niet langer "gepast" was om straffen in hun huidige vorm uit te drukken. Het belangrijkste om te onthouden is dat de straffen niet veranderd zijn! Wat veranderd is, is dat ze nu verborgen zijn voor buitenstaanders!

Duizenden boeken, zowel pro als contra, zijn geschreven in

een poging deze vraag te beantwoorden. Als serieuze student van de vrijmetselarij met dertig jaar uitgebreid onderzoek onder mijn riem, is mijn antwoord dat de vrijmetselarij in de volgende termen kan worden beschreven:

❖ Het is vrijwel zeker een gesloten geheim genootschap dat om onbekende redenen mag opereren in een vrije en open samenleving zoals een westerse christelijke democratie.

❖ De vrijmetselarij is heel duidelijk een religie die gebaseerd is op oude culten en satanische verering. Zij is antichristelijk en antichristelijk en zet zich al lang in voor de uitroeiing van het christelijk geloof, hoewel dit doel zorgvuldig verborgen wordt gehouden voor de meerderheid van haar leden, met name die van de eerste drie graden.

❖ Het is revolutionair in zijn karakter en doelstellingen. Het is bekend dat de Vrijmetselarij verantwoordelijk was voor tenminste de planning van de Franse Revolutie.

❖ De vrijmetselarij vertegenwoordigt de omverwerping van de bestaande orde der dingen, en van alle religies behalve één.

❖ De vrijmetselarij eist absolute gehoorzaamheid aan haar eden.

❖ De straffen voor het breken van de eed van geheimhouding of het "verraden" van vrijmetselaarsgeheimen zijn streng en kunnen in extreme gevallen de dood door ophanging omvatten. Andere minder zware fysieke straffen worden vaak opgelegd aan degenen die de eed breken.

❖ De vrijmetselarij beweert de wetten van het land waarin zij opereert te gehoorzamen, maar werkt in stilte aan het veranderen van de wetten die zij ongewenst acht.

❖ Vrijmetselaars zijn te vinden op de hoogste

plaatsen van de macht in de regeringen van elk land, maar ook in de particuliere sector, het bedrijfsleven en de handel.

Als zodanig is de vrijmetselarij een ongecontroleerde kracht met een immense macht die de loop van de geschiedenis kan en heeft veranderd.

❖ De vrijmetselarij is een morele, ethische en filantropische vereniging slechts tot en met de derde graad. De overgrote meerderheid van de vrijmetselaars gaat nooit verder dan de derde graad en is dus niet op de hoogte van de ware aard, doelstellingen en oogmerken van de vrijmetselarij.

❖ De vrijmetselarij is een regering die opereert binnen een officieel gekozen regering, ten nadele van de laatste.

❖ Het liefdadigheidsaspect van de vrijmetselarij is een masker en is niet geloofwaardig, grenzend aan bedrog. Het is een masker en een dekmantel voor de ware doelstellingen van de vrijmetselarij.

❖ De vrijmetselarij heeft enorme schade toegebracht aan de zaak van het christendom en is verantwoordelijk voor het verlies van miljoenen levens in oorlogen en revoluties sinds de Franse Revolutie in Frankrijk uitbrak.

❖ De laatste test is of het verenigbaar is met het christendom?

❖ Kunnen christenen ook vrijmetselaars zijn?

Het antwoord op beide vragen is een categorisch nee! Ik heb beweringen ontvangen dat er in Washington DC veel vrijmetselaarsgebouwen zijn gebouwd als openbare of regeringsgebouwen, en dat de plattegrond de vorm heeft van een pentagram. Het is moeilijk om sommige van deze beweringen te bewijzen of te weerleggen, maar één gebouw dat aan de bewering van de vrijmetselaars lijkt te voldoen is het Pentagon. Het pentagon is een occult symbool. Het gebouw is ontworpen door John Whiteside Parsons, een uitgesproken satanist. De architect was George Bergstrom, maar het is niet bekend of hij banden had met de vrijmetselarij.

De ware geheimen van de vrijmetselarij zullen wellicht nooit aan de mensheid worden onthuld en daarom is het voor een auteur erg moeilijk om aan kritiek te ontsnappen bij het onderzoeken van een zo complex onderwerp als de vrijmetselarij. Maar dat betekent niet dat je het niet moet proberen.

Als een van mijn beweringen onjuist is, verontschuldig ik mij, want zij zijn niet geschreven in een geest van blinde overlast, en ik hoop dat meer gekwalificeerde vrijmetselaars mij daarop zullen wijzen, zodat zij kunnen worden gecorrigeerd.

Reeds gepubliceerd